U0622348

正义者毋庸向非正义者低头。

法不能向不法让步。

正义的自卫

——以正当防卫典型案例释法

《正义的自卫》编写组◎编

人民出版社

《中华人民共和国刑法》
关于正当防卫的规定

第二十条　为了使国家、公共利益、本人或者他人的人身、财产和其他权利免受正在进行的不法侵害，而采取的制止不法侵害的行为，对不法侵害人造成损害的，属于正当防卫，不负刑事责任。

正当防卫明显超过必要限度造成重大损害的，应当负刑事责任，但是应当减轻或者免除处罚。

对正在进行行凶、杀人、抢劫、强奸、绑架以及其他严重危及人身安全的暴力犯罪，采取防卫行为，造成不法侵害人伤亡的，不属于防卫过当，不负刑事责任。

出版说明

　　2018 年 9 月，最高人民法院发布的《关于在司法解释中全面贯彻社会主义核心价值观的工作规划（2018—2023）》指出，要适时出台防卫过当的认定标准、处罚原则和见义勇为相关纠纷的法律适用标准，鼓励正当防卫，保护见义勇为者的合法权益。2019 年全国两会，最高人民检察院检察长张军在作最高人民检察院工作报告时，专门提及"昆山反杀案"和"赵宇见义勇为案"，并特别强调"法不能向不法让步"。

　　为了更好地贯彻落实最高人民法院和最高人民检察院的有关精神，增强人民群众获得感、幸福感、安全感，我们组织编写了这本《正义的自卫——以正当防卫典型案例释法》。希望借助"涞源反杀案""赵宇见义勇为案""昆山反杀案""于欢防卫过当案"等正当防卫典型案例，向大众释法说理，让正当防卫权真正从法条照进现实！

人民出版社

2019 年 3 月

目　录

一、涞源反杀案

　　法治不仅是一种社会信仰，更是一种民众刚需。不应有让害人者逍遥法外的法律，更没有让正当防卫、见义勇为者伤心的道理。

四、于欢防卫过当案

　　认识正当防卫的积极意义，鼓励同犯罪做斗争，不仅仅是在捍卫自己的合法权益，同时也是维护社会规范、法律秩序。

附录：最高人民检察院第十二批指导性案例

（2018 年 12 月）

编后记

一、涞源反杀案

法治不仅是一种社会信仰，更是一种民众刚需。不应有让害人者逍遥法外的法律，更没有让正当防卫、见义勇为者伤心的道理。

正义者毋庸向非正义者低头。

法不能向不法让步。

1. 基本案情

　　王某某于 2018 年 1 月寒假期间，到北京其母亲赵印芝打工的餐厅当服务员，与在餐厅打工的王磊相识。王磊多次联系王某某请求进一步交往，均被拒绝。2018 年 4 月 28 日，王某某到北京的餐厅找其母亲赵印芝。次日下午王磊将其约出直至第二天凌晨四五点钟，不断纠缠王某某，强行不让其回去。赵印芝等人找到王某某将其送回涞源家中，王磊追到家中要求见面遭到拒绝。同年 5 月至 6 月期间，王磊采取携带甩棍、刀具上门滋扰，以自杀相威胁，发送含有死亡威胁内容的手机短信，扬言要杀王某某兄妹等方式，先后六次到王某某家中、学校等地对王某某及其家人不断骚扰、威胁。王某某就读的学校专门制定了应急预案防范王磊。王某某及家人先后躲避到县城宾馆、亲戚家居住，并向涞源县、张家口市、北京市等地公安机关报警，公安机关多次出警，对王磊训诫无效。2018 年 6 月底，王某某的家人借来两条狗护院，在院中安装了监控设备，在卧室放置了铁锹、菜刀、木棍等，并让王某某不定期更换卧室予以防范。

2018 年 7 月 11 日 17 时许，王磊到达涞源县城，购买了两把水果刀和霹雳手套，预约了一辆小轿车，并于当晚乘预约车到王某某家。23 时许，王磊携带两把水果刀、甩棍翻墙进入王某某家院中，引起护院的狗叫。王某某的父亲王新元在住房内见王磊持凶器进入院中，即让王某某报警，并拿铁锹冲出住房，与王磊打斗。王磊用水果刀（刀身长 11cm、宽 2.4cm）划伤王新元手臂。随后，赵印芝持菜刀跑出住房加入打斗，王磊用甩棍（金属材质、全长 51.4cm）击打赵印芝头部、手部，赵印芝手中菜刀被打掉。此时王某某也从住房内拿出菜刀跑到院中，王磊见到后冲向王某某，王某某转身往回跑，王磊在后追赶。王新元、赵印芝为保护王某某追打王磊，三人扭打在一起。王某某上前拉拽，被王磊划伤腹部。王磊用右臂勒住王某某脖子，王新元、赵印芝急忙冲上去，赵印芝上前拉拽王磊，王新元用铁锹从后面猛击王磊。王磊勒着王某某脖子躲闪并将王某某拉倒在地，王某某挣脱起身后回屋拿出菜刀，向王磊砍去。期间，王某某回屋用手机报警两次。王新元、赵印芝继续持木棍、菜刀与王磊对打，王磊倒地后两次欲起身。王新元、赵印芝担心其起身实施侵害，就连续先后用菜刀、木棍击打王磊，直至王磊不再动弹。事后，王新元、赵印芝、王某某三人在院中等待警察到来。

经鉴定，王磊头面部、枕部、颈部、双肩及双臂多处受伤，符合颅脑损伤合并失血性休克死亡；王新元胸部、双臂多处受刺伤、划伤，伤情属于轻伤二级；赵印芝头部、手部受伤，王某某腹部受伤，均属轻微伤。

2. 处理结果

本案由涞源县公安局侦查终结，于 2018 年 10 月 17 日移送涞源县人民检察院审查起诉。该院依法审查了全部案件材料，两次退回补充侦查。2019 年 2 月 24 日，涞源县公安局以王新元之女王某某行为属于正当防卫为由，终止侦查，解除取保候审，以王新元、赵印芝涉嫌犯故意杀人罪重新移送审查起诉。

检察机关认为，本案中王新元、赵印芝、王某某的行为属于特殊正当防卫，对王磊的暴力侵害行为可以采取无限防卫，不负刑事责任。

第一，王磊携带凶器夜晚闯入他人住宅实施伤害的行为，属于刑法规定的暴力侵害行为。在王某某明确拒绝与其交往后，王磊仍多次纠缠、骚扰、威胁王某某及其家人，于深夜携凶器翻墙非法侵入王新元住宅，使用水果刀、甩棍等足以严重危及人身安全的凶器，持续对王新元、赵印芝、王某某实施伤害行为，造成王新元轻伤二级、赵印芝和王某某轻微伤。以上情况足以证明王新元一家三人人身和生命安全受到严重暴力威胁，处于现实的、紧迫的危险之下，王磊的行为属于严重危及人身安全的暴力犯罪。

第二，王新元、赵印芝、王某某三人的行为系防卫行为。王磊携带刀具、甩棍翻墙进入王新元住宅，用水果刀先后刺伤、划伤王新元、王某某，用甩棍打伤赵印芝，并用胳膊勒住王某某脖子，应当认定王磊已着手实施暴力侵害行为。王新元一家三人为使自己的人身权利免受正在进行的严重暴力侵害，用铁锹、菜刀、木棍反击王磊的行为，具有防卫的正当性，不属于防卫过当。

第三，王磊倒地后，王新元、赵印芝继续刀砍棍击的行为仍属于防卫行为。王磊身材高大，年轻力壮，所持凶器足以严重危及人身安全，王磊虽然被打倒在地，还两次试图起身，王新元、赵印芝当时不能确定王磊是否已被制伏，担心其再次实施不法侵害行为，又继续用菜刀、木棍击打王磊，与之前的防卫行为有紧密连续性，属于一体化的防卫行为。

第四，根据案发时现场环境，不能对王新元、赵印芝防卫行为的强度过于苛求。王新元家在村边，周边住宅无人居住，案发时已是深夜，院内无灯光，王磊突然持凶器翻墙入宅实施暴力侵害，王新元、赵印芝受到惊吓，精神高度紧张，心理极度恐惧。在上述情境下，要求他们在无法判断王磊倒地后是否会继续实施侵害行为的情况下，即刻停止防卫行为不具有合理性和现实性。

根据最高人民检察院第十二批指导性案例以及近期处理的正当防卫相关案件所体现的精神，涞源县人民检察院认为，本案王新元、赵印芝的行为属于正当防卫，不负刑事责任。这样处理有利于制止不法侵害行为，有利于保障公民正当权益，有利于维护公民人身权利和住宅安全。

2019 年 3 月 3 日，依据《刑法》第二十条第三款和《刑事诉讼法》第一百七十七条第一款之规定，涞源县人民检察院决定对王新元、赵印芝不起诉。

附：涞源县人民检察院不起诉决定书

涞源县人民检察院
不起诉决定书

涞检公诉刑不诉〔2019〕1号

被不起诉人王新元，男，1966年XX月XX日出生，居民身份证号码1324241966XXXXXXXX，汉族，小学文化，群众，务农，户籍所在地：河北省涞源县XXX乡XX村XXX号，住本村，因涉嫌故意杀人罪，于2018年7月12日被监视居住，同年7月15日被刑事拘留，同年8月18日被逮捕。现在押。

本案由涞源县公安局侦查终结，以被不起诉人王新元涉嫌故意杀人罪，于2018年10月17日向本院移送审查起诉。因事实不清、证据不足，本院于2018年11月14日、2019年1月25日两次退回侦查机关补充侦查，侦查机关于2019年2月24日重新移送起诉。

经本院依法审查查明:

2018 年 1 月,被不起诉人王新元之女王某某在北京某餐厅打工时与王磊相识,此后王磊多次要求与王某某进一步交往但遭到拒绝。同年 5 月至 6 月期间,王磊为逼迫王某某与其谈恋爱多次到王某某学校和涞源县某某村家中对王某某及其家人进行骚扰、威胁。

2018 年 7 月 11 日 17 时许,王磊到达涞源县城,购买了两把水果刀和霹雳手套,预约了一辆小轿车,并于当晚乘预约车到某某村王某某家。23 时许,王磊携带两把水果刀、甩棍翻墙进入王某某家院中,引起护院的狗叫。王新元在住房内见王磊持凶器进入院中,即让王某某报警,并拿铁锹冲出住房,与王磊打斗。王磊用水果刀(刀身长 11cm、宽 2.4cm)划伤王新元手臂。随后,王某某之母赵印芝持菜刀跑出住房加入打斗,王磊用甩棍(金属材质、全长 51.4cm)击打赵印芝头部、手部,赵印芝手中菜刀被打掉。此时王某某也从住房内拿出菜刀跑到院中,王磊见到后冲向王某某,王某某转身往回跑,王磊在后追赶。王新元、赵印芝为保护王某某追打王磊，三人扭打在一起。王某某上前拉拽，被王磊划伤腹部。王磊用右臂勒住王某某脖子，王新元、赵印芝急忙冲上去，赵印芝上前拉拽王磊，王新元用铁锹从后面猛击王磊。王磊勒着王某某脖子躲闪并将王某某拉倒在地，王某某挣脱起身后回屋拿出菜刀，向王磊砍去。期间，王某某回屋用手机报警两次。王新元、赵印芝继续持木棍、菜刀与王磊对打，王磊倒地后两次欲起身。王新元、赵印芝担心其起身实施侵害，就连续先后用菜刀、木棍击打王磊，直至王磊不再动弹。事后，王新元、赵印芝、王某某三人在院中等待警察到来。

经鉴定，王磊头面部、枕部、颈部、双肩及双臂多处受伤，符合颅脑损伤合并失血性休克死亡；王新元胸部、双臂多处受刺伤、划伤，伤情属于轻伤二级；赵印芝头部、手部受伤，王某某腹部受伤，均属轻微伤。

认定上述事实的证据：物证；书证；证人证言；犯罪嫌疑人的供述；尸体检验鉴定意见书，

DNA 鉴定意见书；现场勘验、检查笔录，辨认笔录；电子数据、视听资料及其他证明材料。

本院认为，被不起诉人王新元为使自己及家人的人身权利免受正在进行的暴力侵害，对深夜携凶器翻墙入宅行凶的王磊，采取制止暴力侵害的防卫行为，符合《中华人民共和国刑法》第二十条第三款之规定，属于正当防卫，不负刑事责任。

依据《中华人民共和国刑事诉讼法》第一百七十七条第一款的规定，对王新元作出不起诉决定。

被不起诉人如不服本决定，可以自收到本决定书后七日内向本院申诉。

被害人近亲属如不服本决定，可以自收到本决定书后七日以内向保定市人民检察院申诉，请求提起公诉；也可以不经申诉，直接向涞源县人民法院提起自诉。

涞源县人民检察院

2019 年 3 月 3 日

涞源县人民检察院
不起诉决定书

涞检公诉刑不诉〔2019〕2 号

被不起诉人赵印芝，女，1965 年 XX 月 XX 日出生，居民身份证号码 1324241965XXX XXXXX，汉族，小学文化，群众，务农，户籍所在地河北省涞源县 XXX 乡 XX 村 XXX 号，住本村，因涉嫌故意杀人罪，于 2018 年 7 月 12 日被刑事拘留，同年 8 月 18 日被逮捕。现在押。

本案由涞源县公安局侦查终结，以被不起诉人赵印芝涉嫌故意杀人罪，于 2018 年 10 月 17 日向本院移送审查起诉。因事实不清、证据不足，本院于 2018 年 11 月 14 日、2019 年 1 月 25 日两次退回侦查机关补充侦查，侦查机关于 2019 年 2 月 24 日重新移送起诉。

经本院依法审查查明：

2018 年 1 月，被不起诉人赵印芝之女王某某在北京某餐厅打工时与王磊相识，此后王磊多次要求与王某某进一步交往但遭到拒绝。同年 5

月至 6 月期间，王磊为逼迫王某某与其谈恋爱多
次到王某某学校和涞源县某某村家中对王某某及
其家人进行骚扰、威胁。

2018 年 7 月 11 日 17 时许，王磊到达涞源
县城，购买了两把水果刀和霹雳手套，预约了一
辆小轿车，并于当晚乘预约车到某某村王某某
家。23 时许，王磊携带两把水果刀、甩棍翻墙
进入王某某家院中，引起护院的狗叫。王某某之
父王新元在住房内见王磊持凶器进入院中，即让
王某某报警，并拿铁锹冲出住房，与王磊打斗。
王磊用水果刀（刀身长 11cm、宽 2.4cm）划伤
王新元手臂。随后，赵印芝持菜刀跑出住房加
入打斗，王磊用甩棍（金属材质、全长 51.4cm）
击打赵印芝头部、手部，赵印芝手中菜刀被打
掉。此时王某某也从住房内拿出菜刀跑到院中，
王磊见到后冲向王某某，王某某转身往回跑，王
磊在后追赶。王新元、赵印芝为保护王某某追打
王磊，三人扭打在一起。王某某上前拉拽，被王
磊划伤腹部。王磊用右臂勒住王某某脖子，王新
元、赵印芝急忙冲上去，赵印芝上前拉拽王磊，

王新元用铁锹从后面猛击王磊。王磊勒着王某某脖子躲闪并将王某某拉倒在地，王某某挣脱起身后回屋拿出菜刀，向王磊砍去。期间，王某某回屋用手机报警两次。王新元、赵印芝继续持木棍、菜刀与王磊对打，王磊倒地后两次欲起身。王新元、赵印芝担心其起身实施侵害，就连续先后用菜刀、木棍击打王磊，直至王磊不再动弹。事后，王新元、赵印芝、王某某三人在院中等待警察到来。

经鉴定，王磊头面部、枕部、颈部、双肩及双臂多处受伤，符合颅脑损伤合并失血性休克死亡；王新元胸部、双臂多处受刺伤、划伤，伤情属于轻伤二级；赵印芝头部、手部受伤，王某某腹部受伤，均属轻微伤。

认定上述事实的证据：物证；书证；证人证言；犯罪嫌疑人的供述；尸体检验鉴定意见书，DNA 鉴定意见书；现场勘验、检查笔录，辨认笔录；电子数据、视听资料及其他证明材料。

本院认为，被不起诉人赵印芝为使自己及家人的人身权利免受正在进行的暴力侵害，对深夜携凶器翻墙入宅行凶的王磊，采取制止暴力侵害的防卫行为，符合《中华人民共和国刑法》第二十条第三款之规定，属于正当防卫，不负刑事责任。

依据《中华人民共和国刑事诉讼法》第一百七十七条第一款的规定，对赵印芝作出不起诉决定。

被不起诉人如不服本决定，可以自收到本决定书后七日内向本院申诉。

被害人近亲属如不服本决定，以自收到本决定书后七日以内向保定市人民检察院申诉，请求提起公诉；也可以不经申诉，直接向涞源县人民法院提起自诉。

涞源县人民检察院

2019 年 3 月 3 日

3. 各方点评

人民微评：让法律带给公众力量

"属于正当防卫，不负刑事责任"。检方对涞源反杀案的这一处理熨帖人心，更守护了法治天平。维护了正当权益和住宅安全，及公民不可侵犯的权利。在惩恶和扬善的过程中，法律能够给人以温度与力量。匡扶正义，浇铸公平，不断让法律为公众撑腰，法治精神就会在公众心中扎根。

（《人民日报》，2019 年 3 月 3 日）

时事评论专栏"长安观察"：不应有让害人者逍遥法外的法律，更没有让正当防卫、见义勇为者伤心的道理

网络时代，信息极度公开透明、传播极为迅捷，人们对公平与正义抵达的速度要求明显已不同往日。加之，在

全民法治意识水涨船高的今天，那些从前深奥难懂的专业概念、法律条文，已经清楚明白地对应成人们内心的天平刻度。无数眼睛盯着天平的摇摆，但凡执掌天平的手稍一抖动，流失的便是民心。这，正是当下的每一起法治案例不容回避的时代背景。

时至今日，法治不仅是一种社会信仰，更是一种民众刚需。不应有让害人者逍遥法外的法律，更没有让正当防卫、见义勇为者伤心的道理。让阳光驱散迷雾、正义消除疑虑，让一起起个案支撑起公平正义、维护住社会底线，法治中国的脚步方能不断向前，更多人才能享有稳稳的安全感。

（《北京日报》，2019 年 3 月 3 日）

二、赵宇见义勇为案

弘扬见义勇为的精神不只写在纸面上，还有法律和奉法者以鲜明的态度为见义勇为撑腰打气保驾护航。

正义者毋庸向非正义者低头。

法不能向不法让步。

1. 基本案情

2018 年 12 月 26 日 23 时许，李华与邹某一同吃饭后，一起乘出租车到达邹某位于福州市晋安区某公寓的暂住处。二人在室内发生争吵，后李华被邹某关在门外，便酒后滋事，用力踢踹邹某暂住处防盗门，入室殴打谩骂邹某，引来邻居围观。居住在楼上的赵宇，闻声下楼查看，见李华把邹某摁在墙上并殴打其头部，赵宇上前制止并从背后拉拽李华，致其摔倒在地。李华起身后，又要殴打赵宇，威逼要叫人"弄死你们"，赵宇立即将李华推倒在地，并朝李华的腹部踩了一脚，又拿起凳子欲砸李华，被邹某劝阻住，后赵宇被其女友劝离现场。经法医鉴定，李华腹部横结肠破裂，伤情属于重伤二级。邹某伤情属于轻微伤。

2. 处理结果

2019 年 2 月 21 日，福州市晋安区人民检察院以防卫过当，对赵宇作出不起诉决定。在最高人民检察院指导下，福建省人民检察院指令福州市人民检察院对该案进行了审查。经审查认为，赵宇的行为属于正当防卫，不应当追究刑事责任，原不起诉决定书认定防卫过当属适用法律错误，遂指令晋安区人民检察院撤销原不起诉决定，依据《刑事诉讼法》第一百七十七条第一款之规定，并参照最高人民检察院 2018 年 12 月发布的第十二批指导性案例，于 3 月 1 日以正当防卫对赵宇作出无罪的不起诉决定。

附：最高人民检察院检察委员会副部级
专职委员、第一检察厅厅长张志杰就
赵宇见义勇为案答记者问

新华社北京 3 月 1 日电（记者陈菲　丁小溪）3 月 1 日，检察机关对福建省福州市晋安区人民检察院就赵宇见义勇为一案的处理作出纠正，认定赵宇的行为属于正当防卫，依法不负刑事责任。

检察机关为什么先后两次对同一起案件作出不起诉决定？两次不起诉决定有何不同？记者就

此采访了最高人民检察院检察委员会副部级专职委员、第一检察厅厅长张志杰。

问：最近一段时间，"赵宇案"引起社会高度关注，检察机关先后两次对同一起案件作出不起诉决定。请您介绍一下这起案件的缘起和经过。

答：赵宇一案系由福州市公安局晋安分局于2018年12月27日立案侦查。12月29日，福州市公安局晋安分局以涉嫌故意伤害罪对赵宇刑事拘留。2019年1月4日，福州市公安局晋安分局以涉嫌故意伤害罪向福州市晋安区人民检察院提请批准逮捕。2019年1月10日，福州市晋安区人民检察院因案件"被害人"李华正在医院手术治疗，伤情不确定，以事实不清、证据不足作出不批准逮捕决定，同日公安机关对赵宇取保候审。2月20日，公安机关以赵宇涉嫌过失致人重伤罪向福州市晋安区人民检察院移送审查起诉。晋安区人民检察院于2月21日以防卫过当对赵宇作出相对不起诉决定，引起社会舆论高度关注。在最高人民检察院指导下，福建省人民检察院指令福州市人民检察院对该案进行了审查。福州市人民检察院经审查认为，原不起诉决定存在适用法律错误，遂指令晋安区人民检察院撤销原不起诉决定，于3月1日以正当防卫对赵宇作出无罪的不起诉决定。

问：请您介绍一下案件的主要事实。

答：李华与邹某（女，27岁）相识但不是太熟。2018年12月26日23时许，二人一同吃饭后，一起乘出租车到达邹某的暂住处福州市晋安区某公寓楼，二人在室内发生争吵，随后李华被邹某关在门外。李华强行踹门而入，殴打谩骂邹某，引来邻居围观。暂住在楼上的被不起诉人赵宇闻声下楼查看，见李华把邹某摁在墙上并殴打其头部，即上前制止并从背后拉拽李华，致李华倒地。李华起身后欲殴打赵宇，威胁要叫人"弄死你们"，赵宇随即将李华推倒在地，朝李华腹部踩一脚，又拿起凳子欲砸李华，被邹某劝阻住，后赵宇离开现场。经法医鉴定，李华腹部横结肠破裂，伤情属重伤二级；邹某面部软组织挫伤，属轻微伤。

问：为什么说原不起诉决定存在适用法律错误？

答：福州市晋安区检察院以防卫过当对赵宇作出相对不起诉决定存在适用法律错误。《刑事诉讼法》第一百七十七条第二款规定，"对于犯罪情节轻微，依照刑法规定不需要判处刑罚或者免除刑罚的，人民检察院可以作出不起诉决定。"晋安区人民检察院首次对赵宇不起诉，就是依据这一规定作出的。这种不起诉通常称之为相对不起诉，虽然在结论上是不追究其刑事责任，但仍然认定其有犯罪事实存在，只是因防卫过当，情节轻微，而不再追究刑事责任。检察机关经重新审查本案的事实证据和具体情况，进行认真分析和研究后认为，赵宇的行为属正当防卫，没有明显超过必要限度，应当依照《刑事诉讼法》第一百七十七条第一款的规定，以"犯罪嫌疑人没有犯罪事实"作出不起诉决定。这次对赵宇作出的是无罪的不起诉决定，也就是通常所说的法定不起诉。

问：认定赵宇行为属于正当防卫的主要理由

是什么？

答：主要理由有以下几个方面：

1.赵宇的行为符合正当防卫的要件。《刑法》第二十条第一款规定，"为了使国家、公共利益、本人或者他人的人身、财产和其他权利免受正在进行的不法侵害，而采取的制止不法侵害的行为，对不法侵害人造成损害的，属于正当防卫，不负刑事责任。"本案中，李华强行踹门进入他人住宅，将邹某摁在墙上并用手机击打邹头部，其行为属于"正在对他人的人身进行不法侵害"的情形。赵宇在这种情况下，上前制止李华殴打他人，其目的是为了阻止李华继续殴打邹某，其行为具有正当性、防卫性，属于"为了使他人的人身免受正在进行的不法侵害"的情形。

2.赵宇的防卫行为没有明显超过必要限度。《刑法》第二十条第二款规定，"正当防卫明显超过必要限度造成重大损害的，应当负刑事责任"。本案不应适用这一规定。首先，从防卫行为上看，赵宇在制止李华正在进行的不法侵害行为过程中始终是赤手空拳与李华扭打，其实施的具体行为仅是阻止、拉拽李华致李华倒地，情急之下踩了李华一脚，虽然造成了李华重伤二级的后果，但是，从赵宇防卫的手段、打击李华的身体部位、在李华言语威胁下踩一脚等具体情节来看，不应认定为"明显超过必要限度"；其次，从行为目的上看，赵宇在制止李华殴打他人的过程中，与李华发生扭打是一个完整、连续的过程，整个过程均以制止不法侵害为目的。李华倒地后仍然用言语威胁，邹某仍然面临再次遭李华殴打的现实危险，赵宇在当时环境下踩李华一脚的行为，应当认定为在"必要的限度"内。

问：认定赵宇正当防卫有什么重要意义？

答：认定赵宇正当防卫有以下几个方面重要意义：

一是推进法治建设，培育良好社会风尚。认定赵宇的行为属于正当防卫，依法不负刑事责任，有利于鼓励见义勇为，弘扬社会正气。检察机关通过办案实践，把社会主义核心价值观融入办案过程，使司法活动既遵从法律规范，又符合道德标准；既守护公平正义，又弘扬美德善行，最终实现"法、理、情"的统一。

二是回应社会关切，体现司法担当。赵宇案受到舆论的高度关注，体现了人民群众对公平正义的期盼，检察机关以事实为根据、以法律为准绳重新审查本案的事实证据，及时对错误的司法结论作出纠正，体现了实事求是、有错必纠的担当精神，有助于提升司法公信力。

三是进一步统一执法标准，明确正当防卫与防卫过当的界限。由于法律规定比较原则，实践中正当防卫尺度很难把握，司法实践中不时出现认定标准不统一的问题。2018年12月最高人民检察院在总结实践经验的基础上，专门针对正当防卫问题发布了第十二批指导性案例，以案例形式进一步廓清了正当防卫与防卫过当的界限，为司法实践提供了重要参考。这次检察机关对赵宇案撤销原相对不起诉决定，重新作出法定不起诉决定，也是参照了最高人民检察院第十二批指导性案例。同时，此案从防卫过当纠正为正当防卫，又进一步明确了执法标准，可供类似案件处理时参考借鉴，可以说具有典型示范意义。

3. 各方点评

中国刑诉法学会常务副会长，中国人民大学法学院教授陈卫东：对公民的行为性质作出正确的评价，这是司法机关应尽的职责

案件原来是基于防卫过当作出的相对不起诉的决定，现在根据检察机关审查，赵宇的行为是正当防卫，所以应当撤销原法律文书。认定公民有罪必须是法院判决，而依法认定一个人无罪，公安、检察院、法院都有这个权力：公安发现无罪要终止侦查撤销案件，检察院发现要不起诉，法院发现要判决无罪。发现错误就应该依法纠正，对公民的行为性质作出正确的评价，这是司法机关应尽的职责。

微信公众号"中央政法委长安剑"：正义的成色必须是十成

　　"正当防卫"并不是一个生冷的概念，人们早已在一堂堂"法律公开课"上熟知它的内涵，是否构成犯罪并不是可以在措辞上含混过去的细节，因为无数双眼睛紧盯着天平的摇摆直至静止。

　　程序有终点，对正义的追寻不会有终点。在追寻正义的过程中，也无法保证没有任何瑕疵和错误，重要的是要有发现错误纠正错误的勇气、能力、坦荡，还有制度。

　　打造成色十足的正义，需要满足老百姓不断提高的对正义的期待。这种期盼和需求前所未有，正因如此，人们才不仅仅满足于赵宇走出高墙，而更希望获得一个明白的交代：见义勇为对不对，该不该，值不值？这个回答铿锵有力：弘扬见义勇为的精神并不只写在纸面上，还有法律和奉法者以鲜明的态度为见义勇为撑腰打气保驾护航。

　　（微信公众号"中央政法委长安剑"，2019 年 3 月 2 日）

三、昆山反杀案

正当防卫的本质是正对不正。

要成为一个强大的、不受欺辱的民族，就要从培养每个人成为一个坚守正义、不退缩的公民开始。

正义者毋庸向非正义者低头。

法不能向不法让步。

1. 基本案情

2018 年 8 月 27 日 21 时 30 分许，刘海龙醉酒驾驶皖 AP9G57 宝马轿车（经检测，血液酒精含量 87mg/100ml），载刘某某、刘某、唐某某沿昆山市震川路西行至顺帆路路口时，向右强行闯入非机动车道，与正常骑自行车的于海明险些碰擦，双方发生争执。

刘某某先下车与于海明发生争执，经同行人员劝解返回车辆时，刘海龙突然下车，上前推搡、踢打于海明。虽经劝阻，刘海龙仍持续追打，后返回宝马轿车取出一把砍刀，连续用刀击打于海明颈部、腰部、腿部。击打中砍刀甩脱，于海明抢到砍刀，并在争夺中捅刺刘海龙腹部、臀部，砍击右胸、左肩、左肘，刺砍过程持续 7 秒。刘海龙受伤后跑向宝马轿车，于海明继续追砍 2 刀均未砍中，其中 1 刀砍中汽车。刘海龙跑向宝马轿车东北侧，于海明返回宝马轿车，为了防止刘海龙打电话召集人员报复，将其车内手机取出放入自己口袋。

刘海龙逃离后，倒在距宝马轿车东北侧 30 余米处的绿化带内，后经送医抢救无效于当日死亡。

2.处理结果

媒体披露"昆山反杀案"后，最高人民检察院指导江苏检察机关提前介入，提出案件定性意见，支持公安机关撤案。昆山市公安局根据侦查查明的事实，并听取检察机关意见和建议，依据《中华人民共和国刑法》第二十条第三款"对正在进行行凶、杀人、抢劫、强奸、绑架以及其他严重危及人身安全的暴力犯罪，采取防卫行为，造成不法侵害人伤亡的，不属于防卫过当，不负刑事责任"之规定，昆山市公安局认定于海明的行为属于正当防卫，不负刑事责任，依法撤销于海明案件。主要理由如下：

（一）刘海龙的行为属于刑法意义上的"行凶"。根据《刑法》第二十条第三款规定，判断"行凶"的核心在于是否严重危及人身安全。司法实践中，考量是否属于"行凶"，不能苛求防卫人在应急反应情况下作出理性判断，更不能以防卫人遭受实际伤害为前提，而要根据现场具体情景及社会一般人的认知水平进行判断。本案中，刘海龙先是徒手攻击，继而持刀连续击打，其行为已经严重危及于海明人身安全，其不法侵害应认定为"行凶"。

（二）刘海龙的不法侵害是一个持续的过程。纵观本案，在同车人员与于海明争执基本平息的情况下，刘海龙醉酒滋事，先是下车对于海明拳打脚踢，后又返回车内取出砍刀，对于海明连续数次击打，不法侵害不断升级。刘海龙砍刀甩落在地后，又上前抢刀。刘海龙被致伤后，仍没有放弃侵害的迹象。于海明的人身安全一直处在刘海龙的暴力威胁之中。

（三）于海明的行为出于防卫目的。本案中，于海明夺刀后，7秒内捅刺、砍中刘海龙的5刀，与追赶时甩击、砍击的两刀（未击中），尽管时间上有间隔、空间上有距离，但这是一个连续行为。另外，于海明停止追击，返回宝马轿车搜寻刘海龙手机的目的是防止对方纠集人员报复、保护自己的人身安全，符合正当防卫的意图。

2018年12月，最高人民检察院公布第十二批指导性案例，将本案作为正当防卫典型案例（检例第47号）公开发布。

附：江苏省人民检察院关于"昆山反杀案"的分析意见

我国《刑法》第二十条第三款规定："对正在进行行凶、杀人、抢劫、强奸、绑架以及其他严重危及人身安全的暴力犯罪，采取防卫行为，造成不法侵害人伤亡的，不属于防卫过当，不负刑事责任。"根据本案事实及现有证据，检察机关认为于海明属于正当防卫，不负刑事责任。

一、刘海龙挑起事端、过错在先

从该案的起因看，刘海龙醉酒驾车，违规变道，主动滋事，挑起事端；从事态发展看，刘海龙先是推搡，继而拳打脚踢，最后持刀击打，不法侵害步步升级。

二、于海明正面临严重危及人身安全的现实危险

本案系"正在进行的行凶"，刘海龙使用的双刃尖角刀系国家禁止的管制刀具，属于《刑

法》规定中的凶器；其持凶器击打他人颈部等要
害部位，严重危及于海明人身安全；砍刀甩落在
地后，其立即上前争夺，没有放弃迹象。刘海龙
受伤起身后，立即跑向原放置砍刀的汽车——于
海明无法排除其从车内取出其他"凶器"的可能
性。砍刀虽然易手，危险并未消除，于海明的人
身安全始终面临着紧迫而现实的危险。

三、于海明抢刀反击的行为属于情急下的正常反应，符合特殊防卫要求

于海明抢刀后，连续捅刺、砍击刘海龙5
刀，所有伤情均在7秒内形成。面对不法侵害不
断升级的紧急情况，一般人很难精准判断出自己
可能受到多大伤害，然后冷静换算出等值的防卫
强度。法律不会强人所难，所以刑法规定，面对
行凶等严重暴力犯罪进行防卫时，没有防卫限度
的限制。检察机关认为，于海明面对挥舞的长
刀，所做出的抢刀反击行为，属于情急下的正常
反应，不能苛求他精准控制捅刺的力量和部位。
虽然造成不法侵害人的死亡，但符合特殊防卫要
求，依法不需要承担刑事责任。

四、从正当防卫的制度价值看，应当优先保护防卫者

"合法没有必要向不法让步"。正当防卫的实质在于"以正对不正"，是正义行为对不法侵害的反击，因此应明确防卫者在刑法中的优先保护地位。实践中，许多不法侵害是突然的、急促的，防卫者在仓促、紧张状态下往往难以准确地判断侵害行为的性质和强度，难以周全、慎重地选择相应的防卫手段。在事实认定和法律适用上，司法机关应充分考虑防卫者面临的紧急情况，依法准确适用正当防卫规定，保护防卫者的合法权益，从而树立良好的社会价值导向。本案是刘海龙交通违章在先，寻衅滋事在先，持刀攻击在先。于海明面对这样的不法侵害，根据法律规定有实施正当防卫的权利。

社会各界对这起案件给予了极大关注，尤其是广大网民、专家、学者、律师积极提出意见建议，理性表达观点诉求，促进了案件的依法办理，江苏检察机关表示衷心感谢。

人身安全是每个公民最基本的要求，面对来自不法行为的严重紧急危害，法律应当引导鼓励公民勇于自我救济，坚持同不法侵害作斗争。司法应当负起倡导风尚、弘扬正气的责任，检察机关也将会依法保障人民群众的正当防卫权利，切实维护人民群众合法权益。

3. 各方点评

新华社：法治的胜利

"昆山反杀案"公众关注的焦点，关键是在不法行为面前，合法权利该如何救济。人身安全是每个公民最基本的要求，司法是维护社会公平正义的最后一道防线，也是最牢固的防线。

在这起案件里，不仅于海明的合法权益得到了维护，更倡导了社会法治思维，提升了社会法治意识，这对于广大民众而言也是一堂生动的社会主义法治课。

奉法者强则国强。法律的价值，在于剥离开感性纷繁的舆论情绪，探究民意背后的积极取向，作出理性公正的裁决。本案中，维护正当防卫权利，体现的正是对"以正压邪"价值的弘扬和宣示。

（新华社记者余俊杰，2018 年 9 月 1 日）

北京大学教授车浩：要成为一个强大的，不受欺辱的民族，就要从培养每个人成为一个坚守正义、不退缩的公民开始

如果有人通过"不法侵害"，突破了法律约束，把你带入到一个无法及时得到法律保护的险境中，这种未经同意，侵入一个公民的权利领域的行为性质，就是一种由个体发动的侵略。此时，你面对的就是一个人的战争。此时，应当适用的不是比赛规则，而是战争规则。正当防卫的本质，不是公平竞技，而是正对不正；不是拳击比赛，而是抗击侵略。

要成为一个强大的、不受欺辱的民族，就要从培养每个人成为一个坚守正义、不退缩的公民开始。

四、于欢防卫过当案

认识正当防卫的积极意义，鼓励同犯罪做斗争，不仅仅是在捍卫自己的合法权益，同时也是维护社会规范、法律秩序。

正义者毋庸向非正义者低头。

法不能向不法让步。

1. 基本案情

　　于欢的母亲苏某在山东省冠县工业园区经营山东源大工贸有限公司（以下简称源大公司），于欢系该公司员工。2014 年 7 月 28 日，苏某及其丈夫于某 1 向吴某、赵某 1 借款 100 万元，双方口头约定月息 10%。至 2015 年 10 月 20 日，苏某共计还款 154 万元。其间，吴某、赵某 1 因苏某还款不及时，曾指使郭某 1 等人采取在源大公司车棚内驻扎、在办公楼前支锅做饭等方式催债。2015 年 11 月 1 日，苏某、于某 1 再向吴某、赵某 1 借款 35 万元。其中 10 万元，双方口头约定月息 10%；另外 25 万元，通过签订房屋买卖合同，用于某 1 名下的一套住房作为抵押，双方约定如逾期还款，则将该住房过户给赵某 1。2015 年 11 月 2 日至 2016 年 1 月 6 日，苏某共计向赵某 1 还款 29.8 万元。吴某、赵某 1 认为该 29.8 万元属于偿还第一笔 100 万元借款的利息，而苏某夫妇认为是用于偿还第二笔借款。吴某、赵某 1 多次催促苏某夫妇继续还款或办理住房过户手续，但苏某夫妇未再还款，也未办理住房过户。

2016年4月1日，赵某1与杜某2、郭某1等人将于某1上述住房的门锁更换并强行入住，苏某报警。赵某1出示房屋买卖合同，民警调解后离去。同月13日上午，吴某、赵某1与杜某2、郭某1、杜某7等人将上述住房内的物品搬出，苏某报警。民警处警时，吴某称系房屋买卖纠纷，民警告知双方协商或通过诉讼解决。民警离开后，吴某责骂苏某，并将苏某头部按入座便器接近水面位置。当日下午，赵某1等人将上述住房内物品搬至源大公司门口。其间，苏某、于某1多次拨打市长热线求助。当晚，于某1通过他人调解，与吴某达成口头协议，约定次日将住房过户给赵某1，此后再付30万元，借款本金及利息即全部结清。

4月14日，于某1、苏某未去办理住房过户手续。当日16时许，赵某1纠集郭某2、郭某1、苗某、张某3到源大公司讨债。为找到于某1、苏某，郭某1报警称源大公司私刻财务章。民警到达源大公司后，苏某与赵某1等人因还款纠纷发生争吵。民警告知双方协商解决或到法院起诉后离开。李某3接赵某1电话后，伙同么某、张某2和严某、程某到达源大公司。赵某1等人先后在办公楼前呼喊，在财务室内、餐厅外盯守，在办公楼门厅外烧烤、饮酒，催促苏某还款。其间，赵某1、苗某离开。20时许，杜某2、杜某7赶到源大公司，与李某3等人一起饮酒。20时48分，苏某按郭某1要求到办公楼一楼接待室，于欢及公司员工张某1、马某陪同。21时53分，杜某2等人进入接待室讨债，将苏某、于欢的手机收走放在办公桌上。杜某2用污秽言语辱骂苏某、于欢及其家人，将烟头弹到苏某胸前衣服上，将裤子褪至大腿处裸露下体，朝坐在沙发上的苏某等人左右转动身体。在马某、李某3劝阻下，杜某2穿好裤子，又脱下于欢的鞋让苏某闻，被苏某打掉。杜某2还用手拍打于欢面颊，其他讨债人员实施了揪抓于欢头发或按压于欢肩部不准其起身等行为。22时07分，公司员工刘某打电话报警。22时17分，民警朱某带领辅警宋某、郭某3到达源大公司接待室了解情况，苏某和于欢指认杜某2殴打于欢，杜某2等人否认并称系讨债。22时22分，朱某警告双方不能打架，然后带领辅警到院内寻找报警人，并给值班民警徐某打电话通报警情。于欢、苏某想随民警离开接待室，杜某2等人阻拦，并强迫于欢坐下，于欢拒绝。杜某2等人卡于欢颈部，将于欢推拉至接待室东南角。于欢持刃长15.3厘米的单刃尖刀，警告杜某2等人不要靠近。杜某2出言挑衅并逼近于欢，于欢遂捅刺杜某 2 腹部一刀，又捅刺围逼在其身边的程某胸部、严某腹部、郭某 1 背部各一刀。22 时 26 分，辅警闻声返回接待室。经辅警连续责令，于欢交出尖刀。杜某 2 等四人受伤后，被杜某 7 等人驾车送至冠县人民医院救治。次日 2 时 18 分，杜某 2 经抢救无效，因腹部损伤造成肝固有动脉裂伤及肝右叶创伤导致失血性休克死亡。严某、郭某 1 的损伤均构成重伤二级，程某的损伤构成轻伤二级。

2. 处理结果

山东省聊城市中级人民法院于 2017 年 2 月 17 日作出（2016）鲁 15 刑初 33 号刑事附带民事判决，认定被告人于欢犯故意伤害罪，判处无期徒刑，剥夺政治权利终身，并赔偿附带民事原告人经济损失。

宣判后，被告人于欢及部分原审附带民事诉讼原告人不服，分别提出上诉。山东省高级人民法院经审理于 2017 年 6 月 23 日作出（2017）鲁刑终 151 号刑事附带民事判决：驳回附带民事上诉，维持原判附带民事部分；撤销原判刑事部分，以故意伤害罪改判于欢有期徒刑五年。

　　山东省高级人民法院认为：被告人于欢持刀捅刺杜某2等四人，属于制止正在进行的不法侵害，其行为具有防卫性质；其防卫行为造成一人死亡、二人重伤、一人轻伤的严重后果，明显超过必要限度造成重大损害，构成故意伤害罪，依法应负刑事责任。鉴于于欢的行为属于防卫过当，于欢归案后如实供述主要罪行，且被害方有以恶劣手段侮辱于欢之母的严重过错等情节，对于欢依法应当减轻处罚。原判认定于欢犯故意伤害罪正确，审判程序合法，但认定事实不全面，部分刑事判项适用法律错误，量刑过重，遂依法改判于欢有期徒刑五年。

　　2018年6月，最高人民法院公布第18批指导性案例，将本案作为指导案例93号。

附：于欢故意伤害案二审刑事附带民事判决书

山东省高级人民法院
刑事附带民事判决书

（2017）鲁刑终 151 号

原公诉机关山东省聊城市人民检察院。

上诉人（原审附带民事诉讼原告人）杜某 1，男，汉族，1956 年 1 月 17 日出生，住山东省冠县。系被害人杜某 2 的父亲。

上诉人（原审附带民事诉讼原告人）许某，女，汉族，1964 年 6 月 10 日出生，住冠县。系杜某 2 的母亲。

上诉人（原审附带民事诉讼原告人）杜某 3，女，汉族，2010 年 4 月 4 日出生，住冠县。系杜某 2 的女儿。

上诉人（原审附带民事诉讼原告人）杜某 4，女，汉族，2010 年 4 月 4 日出生，住冠县。系杜某 2 的女儿。

上诉人（原审附带民事诉讼原告人）杜某 5，女，汉族，2012 年 4 月 28 日出生，住冠县。系杜某 2 的女儿。

上诉人（原审附带民事诉讼原告人）杜某 6，男，汉族，2012 年 4 月 28 日出生，住冠县。系杜某 2 的儿子。

上诉人（原审附带民事诉讼原告人）暨杜某 3、杜某 4、杜某 5、杜某 6 的法定代理人李某 1，女，汉族，1989 年 3 月 13 日出生，住冠县。系杜某 2 的妻子，杜某 3、杜某 4、杜某 5、杜某 6 的母亲。

上列上诉人的诉讼代理人方辉，山东方晖律师事务所律师。

上诉人（原审被告人）于欢，男，汉族，1994 年 8 月 23 日出生于冠县，高中文化，公司职工，住冠县。因涉嫌犯故意伤害罪于 2016 年 4 月 15 日被刑事拘留，同月 29 日被逮捕。

辩护人殷清利，河北十力律师事务所律师。

附带民事诉讼代理人于秀荣，系于欢的

姑母。

原审附带民事诉讼原告人严某，男，汉族，1990 年 3 月 2 日出生，住冠县。系被害人。

诉讼代理人严树魁，系严某的父亲。

诉讼代理人严建亭，系严某的哥哥。

原审附带民事诉讼原告人程某，男，汉族，1993 年 11 月 15 日出生，住冠县。系被害人。

山东省聊城市中级人民法院审理聊城市人民检察院指控原审被告人于欢犯故意伤害罪并建议对于欢判处无期徒刑，原审附带民事诉讼原告人杜某 1、许某、李某 1、杜某 3、杜某 4、杜某 5、杜某 6、严某、程某提起附带民事诉讼一案，于 2017 年 2 月 17 日作出（2016）鲁 15 刑初 33 号刑事附带民事判决。宣判后，原审附带民事诉讼原告人杜某 1、许某、李某 1、杜某 3、杜某 4、杜某 5、杜某 6 和原审被告人于欢不服，分别提出上诉。本院受理后，依法组成合议庭，于 2017 年 5 月 20 日召开庭前会议，27 日公开开庭审理了本案刑事部分。山东省人民检察院指派检察员郭琳、扈小刚、李文杰出庭履行职务。

上诉人于欢及其辩护人殷清利，被害人杜某 2 近亲属委托的诉讼代理人方辉，被害人郭某 1 及其诉讼代理人山东泉沣律师事务所律师伊丕国、李中伟，被害人严某的诉讼代理人严树魁、严建亭到庭参加诉讼。证人苏某、杜某 7 出庭作证。对本案附带民事部分，经过阅卷、调查，听取当事人、诉讼代理人的意见，进行了不开庭审理。现已审理终结。

原判认定：2014 年 7 月，山东源大工贸有限公司（位于冠县工业园区）负责人苏某向赵某 1 借款 100 万元，双方口头约定月息 10%。2016 年 4 月 14 日 16 时许，赵某 1 以欠款未还清为由纠集郭某 1、程某、严某等十余人先后到山东源大工贸有限公司催要欠款。当日 20 时许，杜某 2 驾车来到该公司，并在该公司办公楼大门外抱厦台上与其他人一起烧烤饮酒。约 21 时 50 分，杜某 2 等多人来到苏某及其子被告人于欢所在的办公楼一楼接待室内催要欠款，并对二人有侮辱言行。约 22 时 10 分，冠县公安局经济开发区派出所民警接警后到达接待室，询问情况后到院内进一步了解情况，于欢欲离开接待室被阻止，与杜某2、郭某1、程某、严某等人发生冲突，于欢持尖刀将杜某2、程某、严某、郭某1捅伤，处警民警闻讯后返回接待室，令于欢交出尖刀，将其控制。杜某2、严某、郭某1、程某被送往医院抢救。杜某2因失血性休克于次日2时许死亡，严某、郭某1伤情构成重伤二级，程某伤情构成轻伤二级。因杜某2被害死亡，附带民事诉讼原告人杜某1等7人应得丧葬费29098.5元，处理丧葬事宜的交通费、误工费1500元。被害人严某受伤后在冠县人民医院抢救治疗，于5月9日出院，同月12日入解放军总医院治疗，21日出院，在解放军总医院共支付医疗费49693.47元。被害人程某受伤后在冠县人民医院治疗15天。

上述事实，有经原审庭审举证、质证的物证、书证、勘验、检查、辨认笔录、鉴定意见、视听资料、证人证言、被害人陈述、被告人供述等证据证实。

原审法院认为，被告人于欢面对众多讨债人

的长时间纠缠，不能正确处理冲突，持尖刀捅刺多人，致一人死亡、二人重伤、一人轻伤，其行为构成故意伤害罪。于欢捅刺被害人不存在正当防卫意义上的不法侵害前提，其所犯故意伤害罪后果严重，应当承担与其犯罪危害后果相当的法律责任。鉴于本案系由被害人一方纠集多人，采取影响企业正常经营秩序、限制他人人身自由、侮辱谩骂他人的不当方式讨债引发，被害人具有过错，且于欢归案后能如实供述自己的罪行，可从轻处罚。于欢的犯罪行为给附带民事诉讼原告人杜某1等造成的丧葬费等损失应当依法赔偿，杜某1等要求赔偿死亡赔偿金、被抚养人生活费、精神损害抚慰金不属于附带民事诉讼赔偿范围，其要求赔偿处理丧葬事宜的交通费、误工费，酌情判决1500元；附带民事诉讼原告人严某要求赔偿医疗费、住院伙食补助费、交通费的合理部分予以支持，其要求赔偿的交通费，酌情判决1800元；附带民事诉讼原告人程某要求赔偿误工费、护理费、住院伙食补助费应当依法确定。依法以故意伤害罪判处被告人于欢无期徒刑，剥夺政治权利终身；判令被告人于欢赔偿附带民事诉讼原告人杜某1、许某、李某1、杜某3、杜某4、杜某5、杜某6各种费用共计30598.5元，赔偿附带民事诉讼原告人严某各种费用共计53443.47元，赔偿附带民事诉讼原告人程某各种费用共计2231.7元。

上诉人杜某1、许某、李某1、杜某3、杜某4、杜某5、杜某6的上诉意见是：原判适用法律不当，应当支持其所提赔偿死亡赔偿金、被抚养人生活费的诉讼请求。

上诉人于欢的上诉意见是：（1）原判认定事实不全面。没有认定吴某、赵某1此前多次纠集涉黑人员对苏某进行暴力索债，案发时杜某2等人对于欢、苏某及其他员工进行殴打；苏某实际是向吴某借钱；杜某2受伤后自行驾车前往距离较远的冠县人民医院，未去较近的冠县中医院，还与医院门卫发生冲突，导致失血过多死亡。（2）原判适用法律错误、量刑畸重。其行为系正当防卫或防卫过当；其听从民警要求，自动放下刀具，如实供述自己的行为，构成自首。（3）原判违反法定程序。被害人有亲属在当地检察机关、政府部门任职，可能干预审判，原审法院未自行回避。

上诉人于欢的辩护人提出以下辩护意见：（1）认定于欢犯故意伤害罪的证据不足。公安机关对现场椅子是否被移动、椅子上是否有指纹、现场是否有信号干扰器、讨债人员驾驶的无牌或套牌车内有无枪支和刀具等事实没有查明；冠县公安局民警有处警不力之嫌，冠县人民检察院有工作人员是杜某2的亲属，上述两机关均与本案存在利害关系，所收集的证据不应采信；讨债人员除杜某7外都参与串供，且在案发当天大量饮酒，处于醉酒状态，他们的言词除与于欢一方言词印证的之外，不应采信。（2）于欢的行为系正当防卫。从一般防卫看，于欢身材单薄，虽持有刀具，但相对11名身体粗壮且多人有犯罪前科的不法侵害人，仍不占优势，杜某2等人还对于欢的要害部位颈部实施了攻击，故于欢的防卫行为没有超过必要限度；从特殊防卫看，于欢的母亲苏某与吴某一方签订的书面借款合同约定月息

2%，而吴某一方实际按 10% 收取，在苏某按书面合同约定利息还清借款后，讨债人员仍然以暴力方式讨债，根据《最高人民检察院关于强迫借贷行为适用法律问题的批复》，构成抢劫罪，于欢捅刺抢劫者的行为属特殊防卫，不构成犯罪。（3）即使认定于欢构成犯罪，其具有如下量刑情节：属防卫过当、自首，一贯表现良好，缺乏处置突发事件经验；杜某 2 等人侮辱苏某、殴打于欢，有严重过错；杜某 2 受伤后自行驾车前往距离相对较远的医院救治，耽误了约 5 分钟的救治时间，死亡结果不能全部归责于于欢。辩护人当庭出示了讨债人员驾驶无牌或套牌车辆的现场监控录像截图、杜某 2 亲属系冠县人民检察院工作人员的网页截图、驾车从现场分别到冠县人民医院和冠县中医院的导航路线截图等 3 份证据材料。

山东省人民检察院出庭检察员发表以下出庭意见：（1）原判对案件事实认定不全面。一是未认定于欢母亲苏某、父亲于某 1 在向吴某、赵某 1 高息借款 100 万元后，又借款 35 万元；二是未认定 2016 年 4 月 1 日、13 日吴某、赵某 1 纠集多人违法索债；三是未认定 4 月 14 日下午赵某 1 等人以盯守、限制离开、扰乱公司秩序等方式索债；四是未具体认定 4 月 14 日晚杜某 2 等人采取强收手机、弹烟头、辱骂、暴露下体、脱鞋捂嘴、扇拍面颊、揪抓头发、限制人身自由等方式对苏某和于欢实施的不法侵害。（2）原判认为于欢持尖刀捅刺被害人不具有正当防卫意义上的不法侵害前提，属于适用法律错误。于欢的行为具有防卫性质，但明显超过必要限度造成重大损害，属于防卫过当，应当负刑事责任，但应当减轻或者免除处罚。检察员当庭宣读、出示了新收集、调取的证人赵某 2、李某 2 的证言，侦查实验笔录及行驶路线图，手机通话记录，计划外生育费收据及说明，接处警登记表及说明，有关于某 1 曾任冠县国税局柳林分局副局长、因不正常上班于 2015 年被免职的文件，吴某因涉嫌非法拘禁被立案侦查的立案登记表，鉴定机构资格证书、鉴定人资格证书复印件，以及证人苏某、张某 1、马某、刘某、于某 2、张某 2、杜某 7、张某3、朱某、徐某的补充证言，被害人程某的补充陈述，上诉人于欢的补充供述等23份证据材料。

被害人杜某2近亲属委托的诉讼代理人提出以下意见:(1)原判对作案刀具的认定定性不准、来源有误。于欢使用的尖刀应属管制刀具，被害人郭某1陈述看见于欢拉开衣服拉链从身上拿出刀具。(2)原判定罪量刑不当。于欢的行为构成故意杀人罪;民警处警时，不法侵害已经结束，于欢的捅刺行为不具备正当防卫的前提条件，不构成正当防卫或防卫过当，应当维持原判量刑。(3)应依法判令于欢赔偿附带民事诉讼上诉人的全部经济损失。

被害人郭某1及其诉讼代理人、被害人严某的诉讼代理人提出以下意见:(1)作案刀具来源不清。(2)于欢的行为不构成正当防卫或防卫过当，应当维持原判定罪量刑。

经审理查明:上诉人于欢的母亲苏某在山东省冠县工业园区经营山东源大工贸有限公司(以下简称源大公司)，于欢系该公司员工。2014

年 7 月 28 日，苏某及丈夫于某 1 向吴某、赵某 1 借款 100 万元，双方口头约定月息 10%。至 2015 年 10 月 20 日，苏某共计还款 154 万元。其间，吴某、赵某 1 因苏某还款不及时，曾指使被害人郭某 1（男，时年 29 岁）等人采取在源大公司车棚内驻扎、在办公楼前支锅做饭等方式催债。2015 年 11 月 1 日，苏某、于某 1 再向吴某、赵某 1 借款 35 万元。其中 10 万元，双方口头约定月息 10%；另外 25 万元，通过签订房屋买卖合同，用于某 1 名下的一套住房作为抵押，双方约定如逾期还款，则将该住房过户给赵某 1。2015 年 11 月 2 日至 2016 年 1 月 6 日，苏某共计向赵某 1 还款 29.8 万元。吴某、赵某 1 认为该 29.8 万元属于偿还第一笔 100 万元借款的利息，而苏某夫妇认为是用于偿还第二笔借款。吴某、赵某 1 多次催促苏某夫妇继续还款或办理住房过户手续，但苏某夫妇未再还款，亦未办理住房过户。

2016 年 4 月 1 日，赵某 1 与被害人杜某 2（男，殁年 29 岁）、郭某 1 等人将于某 1 上述住房的门锁更换并强行入住，苏某报警。赵某1出示房屋买卖合同，民警调解后离去。同月13日上午，吴某、赵某1与杜某2、郭某1、杜某7等人将上述住房内的物品搬出，苏某报警。民警处警时，吴某称系房屋买卖纠纷，民警告知双方协商或通过诉讼解决。民警离开后，吴某责骂苏某，并将苏某头部按入座便器接近水面位置。当日下午，赵某1等人将上述住房内物品搬至源大公司门口。其间，苏某、于某1多次拨打市长热线求助。当晚，于某1通过他人调解，与吴某达成口头协议，约定次日将住房过户给赵某1，此后再付30万元，借款本金及利息即全部结清。

同月14日，于某1、苏某未去办理住房过户手续。当日16时许，赵某1纠集郭某2、郭某1、苗某、张某3到源大公司讨债。为找到于某1、苏某，郭某1报警称源大公司私刻财务章。民警到达源大公司后，苏某与赵某1等人因还款纠纷发生争吵。民警告知双方协商解决或到法院起诉后离开。李某3接赵某1电话后，伙同么某、张某2和被害人严某（男，时年26岁）、程某（男，时年22岁）到达源大公司。赵某1等人先后在办公楼前呼喊，在财务室内、餐厅外盯守，在办公楼门厅外烧烤、饮酒，催促苏某还款。其间，赵某1、苗某离开。20时许，杜某2、杜某7赶到源大公司，与李某3等人一起饮酒。20时48分，苏某按郭某1要求到办公楼一楼接待室，于欢及公司员工张某1、马某陪同。21时53分，杜某2等人进入接待室讨债，将苏某、于欢的手机收走放在办公桌上。杜某2用污秽语言辱骂苏某、于欢及其家人，将烟头弹到苏某胸前衣服上，将裤子褪至大腿处裸露下体，朝坐在沙发上的苏某等人左右转动身体。在马某、李某3劝阻下，杜某2穿好裤子，又脱下于欢的鞋让苏某闻，被苏某打掉。杜某2还用手拍打于欢面颊，其他讨债人员实施了揪抓于欢头发或按压于欢肩部不准其起身等行为。22时07分，公司员工刘某打电话报警。22时17分，民警朱某带领辅警宋某、郭某3到达源大公司接待室了解情况，苏某和于欢指认杜某2殴打于欢，杜某2等人否认并称系讨债。22时22分，朱某警告双方不能打架，然后带领辅警到院内寻找报警人，并给值班民警徐某打电话通报警情。于欢、苏某欲随民警离开接待室，杜某2等人阻拦，并强迫于欢坐下，于欢拒绝。杜某2等人卡于欢项部，将于欢推拉至接待室东南角。于欢持刃长15.3厘米的单刃尖刀，警告杜某2等人不要靠近。杜某2出言挑衅并逼近于欢，于欢遂捅刺杜某2腹部一刀，又捅刺围逼在其身边的程某胸部、严某腹部、郭某1背部各一刀。22时26分，辅警闻声返回接待室。经辅警连续责令，于欢交出尖刀。杜某2等四人受伤后，分别被杜某7等人驾车送至冠县人民医院救治。次日2时18分，杜某2经抢救无效，因腹部损伤造成肝固有动脉裂伤及肝右叶创伤导致失血性休克死亡。严某、郭某1的损伤均构成重伤二级，程某的损伤构成轻伤二级。

本院查明上诉人于欢给上诉人杜某1等7人和原审附带民事诉讼原告人严某、程某造成的物质损失与原判相同。

上述事实，有经庭审举证、质证的下列五方

面证据予以证明，本院予以确认。

一、被害人陈述、被告人供述和辩解

1.被害人程某、郭某1、严某（均系讨债人员）陈述：2016年4月14日下午，其三人与赵某1、李某3、么某等人到源大公司要账，先是报警称苏某私刻公章，民警来说不能打架，然后就走了。傍晚，他们守在办公楼大厅外烤串喝酒时，杜某2、杜某7来了。程某、杜某7、李某3、杜某2喝了两瓶白酒，其他人喝了两箱啤酒。后他们进入接待室，杜某2骂着向苏某要钱，并用手拍打于欢，还脱下于欢的鞋，放到苏某鼻子处，被苏某打掉。于欢想站起来，被杜某7等人从后边摁住。民警进接待室时，张某2把于欢摁在沙发上。民警问谁报警，没人吭声。苏某和于欢说杜某2打人，其这一方否认。民警说不能打架，就出去找报警人。张某2等人拦着苏某、于欢不让离开。杜某2还将于欢推到南墙处说报警也不管用，并说"你攥我唉！有本事你攥我哎！"没注意怎么回事，其三人和杜某2就被于欢拿东西捅了。程某、严某被捅了肚子一下，郭某1见杜某2被捅，扭身时被于欢抓住衣领捅后背一下。郭某1称看见于欢拉开上衣拉链拿出一把刀。后来杜某7等人开车将受伤的人送到县人民医院救治。到急救楼门口时杜某2已不能下车。当地人比较认可县人民医院。住院期间，李某3、张某3、郭某2说若有人问起，就说到源大公司要自己的钱。案发几个月前，郭某1和郭某2到过源大公司支锅做饭进行讨债，在车棚里睡了两三天。案发前两天，赵某1还让郭某1等人去名仕花园的一套房子里住。4月13日，杜某2、赵某1、吴某等人到名仕花园的房子里搬家具，苏某与民警一起过来。

2.上诉人于欢供述和辩解：2015年8月，讨债人员到源大公司院内支锅做饭，在车棚睡觉。2016年4月，讨债人员占其家房子，跟着其父亲。4月13日下午，讨债人员将其家房内家具搬到源大公司，其父母多次打报警电话和市长热线。当晚，其父亲称已经协调好，把房子给对方，再给对方30万元。14日下午，讨债人员到公司找其母亲苏某。民警到达，说有人报警反映源大公司刻假章，查看公司印章后走了。其与苏某在财务室坐着，对方要求还款，当时没人打其与苏某。其与苏某在餐厅吃晚饭时，对方在门外守着。后对方将其与苏某带到接待室，马某、张某1陪同，杜某2进来让人将其与苏某的手机要走放在桌上。杜某2说些侮辱性语言，将烟头弹在苏某右肩部衣服上。杜某2还站在茶几边将裤子褪到大腿根，露出下体左右晃，离苏某三四十公分。马某与对方的李某3劝，杜某2才把裤子提上。杜某2脱下其一只鞋，放在苏某嘴边，苏某将鞋打落。李某3等要其喊"叔叔"，其不喊，身后的人就揪其头发，杜某2扇其两耳光。杜某2不停地骂其与苏某，还叫其"欢欢"，说"欢欢像狗名"。其多次想起身，都被摁住。民警到接待室，其和苏某说对方打人，对方不承认。民警劝说"别打架"，就去外面了解情况，对方五六人跟出去。其与苏某也想出去，被拦住。对方的人陆续回来，让其坐下，其怕被打不敢坐。杜某2、郭某1等四五人将其向东南角推，有人从后边卡其脖子，将其推到靠东墙办公桌南边。

其从桌上拿起刀挥舞，喊"别过来，别过来"。杜某2上前说"你攮唉，你攮唉"，其就捅了杜某2腹部一刀。其他人见状冲过来，其又捅了程某、郭某1腹部各一刀。民警让其把刀交出，其说"等我出去，把刀给你"。其这么说，是因为在房内没有安全感。民警坚持让其交出刀，其将刀交出。

二、证人证言

1.证人苏某的证言：2014年7月，其与丈夫于某1经张某4介绍，向吴某借款100万元，吴某安排赵某1与其签订借款合同，口头约定月息10%。2015年8月，因还款不及时，吴某派人到源大公司支锅做饭，在车棚睡觉。其陆续还款共计150余万元。同年11月，其又向吴某借款35万元，其中25万元以名仕花园住房抵押，签了房屋买卖合同，另外10万元由张某4担保，月息10%。其已还款31.5万元，其中25万元是房款，意思是不将住房卖给赵某1。吴某称未还够钱，于2016年3月5日派人跟随于某1一天，还将于某1的衬衣撕破。4月1日，吴某将其名仕花园住房门锁更换。其报警后跟民警进入房间，发现房内两万元现金丢失。赵某1出示购房合同，民警看后走了。第二天刑警到其住房拍照。4月13日上午，吴某带人将名仕花园住房内的家具搬出，其再次报警。民警到后，吴某称其欠钱不还。民警见是经济纠纷离开。吴某不让其走，将其头部摁到马桶里近水面位置，马桶里没有粪便。其离开时有人尾随。当天下午吴某派人将其住房内的家具搬到源大公司。其多次打市长热线。当晚通过中间人调解，约定其将住房给吴某，再给吴某30万元，即全部本息还清。因其住房还欠贷款，房产证丢了一本，一天内不可能过户。4月14日16时许，吴某手下到其公司讨债，报警称其私刻公章。民警来了解情况后离开。郭某1等到财务室催款。其与于欢去食堂吃晚饭，对方派人在外看着。其在食堂待了一个多小时，郭某1让其回接待室。于欢及公司员工张某1、马某陪着。对方的人在门厅外喝酒。后来杜某2等人进接待室，将其与于欢的手机收走放到办公桌上。杜某2向其身上弹烟头，站在其前面的茶几边上脱裤子露下体侧身朝其转动，距其约三十公分。经杜某2身边的人劝说，杜某2提上裤子。于欢称无钱还债，杜某2扇于欢的脸，不是抡胳膊扇的。杜某2还将于欢的鞋脱下，放到其鼻子处，其将鞋扔到一边。于欢想站起来，被人从后边摁住。杜某2说各种难听的话侮辱其与于欢，还像唤小狗一样喊"欢欢"。其他人没说侮辱性语言。民警来后，其与于欢说被对方殴打，对方否认。民警问谁报警，其称可能是公司工人，民警出去找报警人。对方阻止其与于欢出去，让其二人坐下，于欢不愿意，对方几个人按着于欢往室内南边走。有一人从于欢西边过去，于欢捅刺那人一刀，那人一转身，被捅到腰部。捅人的刀平时在接待室桌上放着。从接待室能看到外面的警车，警灯始终亮着。

2.证人郭某2、杜某7、张某2、张某3、么某、李某3、苗某（均系讨债人员）关于2016年4月14日下午讨债过程的证言与被害人程某、严某、郭某1的陈述相印证。张某3还证明，于欢持刀捅人，捅的都是当时离于欢较近的人。么某还证明，当时不知道于欢从哪拿把刀，说"别过来，过来攮死你"。杜某2以为于欢不敢捅，向前靠近，于欢朝杜某2捅了一刀。郭某1向前靠近于欢，于欢往前伸一下手，郭某1用手捂住后背。程某和严某应该都是朝于欢跟前走被捅伤的。杜某7还证明，其驾车将杜某2等人送县人民医院，不到十分钟到医院门口，杜某2在车上已经休克，想尽快救治，就开车闯杆入内。过一两分钟，医生用小推车把杜某2推到医护室抢救。县人民医院是冠县最好的医院。

3.证人于某2、刘某、马某、张某1（均系源大公司员工，除马某外均系于欢亲戚）的证言：2016年4月14日下午，讨债人员先在源大公司楼外喊，后进财务室要账。苏某、于欢去食堂吃饭有人跟着。苏某、于欢跟讨债人员进入接待室后，马某出来说对方侮辱苏某，刘某报警。之前，听苏某说曾被吴某摁到马桶里。刘某还证明，民警从接待室出来后不久，其听见有人喊叫，透过玻璃墙见那伙人围着于欢，在一米开外有人拿椅子朝向于欢。于欢退到桌子前，手里多了一把刀，朝对方挥舞。其曾用于欢捅人的刀在办公室削过苹果。于某2还证明，在民警闻声返回接待室时，其跟着走到大厅前台阶处，见对方一人捂着肚子说"没事没事，来真的了"。

4. 证人吴某、赵某1（均因涉嫌刑事犯罪另案处理）的证言：2014年夏，张某4介绍于某1要借100万元，吴某让赵某1出借，月息10%。于某1开始付利息，到2015年下半年不付了，吴某多次打电话催于某1。2015年11月，张某4称于某1急需35万元，准备出售冠县名仕花园小区的住房。赵某1便与苏某、于某1签订房屋买卖合同，约定于某1将住房以25万元卖给赵某1，三天内将该房10万元房贷还清并办理过户。赵某1借给于某135万元，其中10万元是向张某4借的。后来于某1给赵某1转账20余万元，称是还35万元借款，赵某1称是还前100万元借款的利息。2016年4月，赵某1带杜某2、郭某1、杜某7等人更换名仕花园房屋门锁并入住。苏某报警，赵某1出示合同后，民警离开。4月13日，赵某1带领杜某2、郭某1、杜某7等人搬名仕花园房内物品,苏某和民警来了。民警走后,吴某和苏某拉扯,吴某说让苏某吃大便。苏某离开后,赵某1安排人员尾随,并将名仕花园房内物品搬到源大公司。4月14日下午,赵某1与郭某2找苏某要账,打电话让郭某1、李某3等到源大公司。因苏某不见面,其一方报警称苏某私刻公章。民警到后,赵某1与苏某对骂,被民警拉开。18时许,赵某1先行离开。22时许,李某3给吴某打电话说有四人被捅伤。杜某2死后,吴某安排赵某1跟公安人员说去要账的都是债主。

5. 证人张某4、卢某、康某的证言与赵某1、吴某的证言相印证。张某4还证明,赵某1第一次借给于某1的100万元,都知道是吴某的;第二次借给于某135万元,有10万元是向其借的。卢某还证明,于某1为欠吴某账的事,请其找吴某说和,双方同意于某1将房子折抵60万元过户给对方,再还30万元即全部清账。康某还证明,吴某与于某1对房子问题有分歧,吴某称是买卖,于某1称是抵押。

6.证人朱某（民警）的证言：2016 年 4 月
14 日 22 时许，其带领辅警宋某、郭某 3 赶到源
大公司。在接待室苏某说有人打于欢，多名男子
否认。其见于欢身上没有明显伤痕，即告知无论
怎样都不能打架。其问谁报警，苏某称是厂里的
工人。其走出接待室打电话向值班民警徐某汇
报，让徐某过来。其与郭某 3 上警车商议是否向
所长汇报。三四十秒后下车，马某向其讲述情
况。其一听接待室异动，立即返回，见宋某拿着
一把刀。

7.证人宋某、郭某 3（辅警）的证言与朱某
的证言相印证，并证明其二人听到打闹声即返回
接待室，见于欢手持一把刀，要求于欢将刀放
下，后宋某从于欢手里将刀拿过来。

8.证人徐某（民警）的证言：2016 年 4 月 14
日下午，郭某 1 报警称源大公司私刻财务印章。
其带辅警赶到现场，郭某 1 反映苏某欠债不还，
引发争吵，其制止并劝双方依法解决。双方无异
议，其与辅警撤离。当日 22 时许，朱某打电话
向其介绍源大公司警情，并让其过去。不久朱某

又打电话称有人动刀。其赶到源大公司，讯问于欢，并口头传唤于欢、苏某到派出所接受调查。

三、视频资料、现场勘验、检查笔录、鉴定意见和有关书证材料

1. 冠县公安局出具的执法记录视频证明：2016 年 4 月 14 日 22 时 17 分，民警朱某和辅警郭某 3、宋某驾驶警车到达源大公司，警灯闪烁。朱某进接待室问谁报警、是否有人打架，苏某指认杜某 2 打于欢耳光，杜某 2 等否认并称是经济纠纷；苏某称厂里工人报警；民警警告双方不能动手；于欢欲离开被讨债人员阻止。22 时 22 分，朱某和辅警走出接待室，马某反映讨债人员侮辱苏某。朱某打电话。后朱某和辅警走到门厅外，朱某让辅警告诉双方不能动手。22 时 26 分，辅警走进大厅，透过玻璃墙见接待室内杜某 2、程某捂着肚子，于欢、苏某站在接待室东南角，严某、郭某 1 等站在于欢、苏某对面。辅警从大厅走向接待室门口过程中(时长 10 秒)，于欢持刀分别捅刺严某、郭某 1 各一刀。辅警进入接待室，让于欢交出刀，于欢称从接待室出去才能交刀，后在辅警连续责令下将刀交出。22时43分，民警徐某对于欢进行讯问。

2.冠县公安局提取的源大公司监控视频证明：2016年4月14日17时50分后，讨债人员进出源大公司财务室。19时许，苏某、于欢从财务室出来，么某、苗某跟随。20时48分，苏某、于欢、马某、张某1进入接待室。21时53分，在办公楼门口烧烤的讨债人员陆续进入接待室。22时17分，警车到达，民警朱某和辅警郭某3、宋某进入接待室。22时22分，多名讨债人员跟随民警走出接待室，后陆续返回。22时24分，郭某3、朱某从警车右侧上车。约40秒后，郭某3、朱某下车绕到车左侧。此时于某2走到警车左侧。22时26分，郭某3、宋某走进接待室，程某捂肚子、郭某1捂腰部、杜某2被人架着、李某3背着严某先后走出接待室，分乘三辆车离开。

3.冠县公安局制作的现场勘验笔录及照片证明：现场位于源大公司办公楼一楼接待室。接待室靠东墙放有两张办公桌，桌前各放有一把办公椅，与屋门相对应靠南墙鱼缸西侧放有两张办公桌，靠西墙放有三人沙发，东侧放有茶几，相对应东侧放有一对单人沙发，其中南侧沙发扶手上有鞋印。接待室内及门厅、门口地面有滴落血迹。

4.冠县公安局出具的提取笔录、扣押物品清单及聊城市公安局出具的 DNA 检验鉴定意见证明：（1）2016 年 4 月 14 日，从于欢处扣押单刃尖刀一把，刀全长 25.8 厘米，刀身长 15.3 厘米，刀柄长 10.5 厘米，刀身最宽处 3.1 厘米。经鉴定，尖刀刀尖、刀刃、刀刃刀柄结合处检出郭某 1 的血迹；刀柄上检出于欢的基因分型和程某的血迹。（2）2016 年 4 月 15 日，从于欢处扣押牛仔裤一条、夹克一件。经鉴定，牛仔裤上检出程某的血迹；夹克上检出于欢和郭某 1 的混合基因分型。（3）在接待室及大厅内、门厅台阶附近提取的多处暗红色斑迹上分别检出郭某 1、杜某 2 的血迹及郭某 1、程某的混合血迹。

5.冠县公安局出具的尸体检验鉴定意见证明：杜某 2 上腹部正中见一纵行 2 厘米 ×0.5 厘

米哆开创口，深达腹腔，创道长15厘米，造成肝固有动脉2厘米裂伤口及肝右叶下侧面裂伤长4厘米、深8厘米。该损伤符合被他人用锐性致伤物（如单刃尖刀类）在外力作用下所形成。杜某2系腹部损伤后造成肝固有动脉裂伤及肝右叶创伤导致失血性休克死亡。

6.聊城市公安局出具的理化检验鉴定意见证明：在死者杜某2心血中检出乙醇成分，含量148毫克/100毫升。

7.司法鉴定科学技术研究所出具的人体损伤检验鉴定意见证明：郭某1右腰背部有长4厘米皮肤裂伤，深达胸腔，右肺下叶不张，右胸腔积液（血），术中突发心跳骤停，未能施行开胸手术，经积极引流及输注红细胞、血浆得以保全生命。评定为重伤二级。

8.冠县公安局出具的人体损伤检验鉴定意见证明：（1）严某左腹部见长4厘米横斜行皮肤创伤，符合锐性外力所形成。左腹部外伤后，造成小肠距屈氏韧带100厘米处贯通伤，有肠内容物溢出。属重伤二级。（2）程某左胸部锁骨中线第

6、7 肋间可见长 2.8 厘米横斜行皮肤创伤，符合锐性外力作用下所形成。属轻伤二级。（3）于欢左项部见长 1.1 厘米横行表皮剥脱，右肩部可见多处小范围皮下出血，符合钝性外力作用下所形成，不构成轻微伤。

9. 冠县公安局提取的借款合同、房屋买卖合同、电子银行回单、房产证证明：（1）苏某、于某 1 于 2014 年 7 月 28 日签订借款 100 万元合同，同日赵某 1 账户向苏某账户汇款 100 万元。（2）冠县名仕花园某幢某单元 1111，房屋产权人于某 1，房屋建筑面积 165.61 平方米。房屋买卖合同卖方于某 1、苏某，买方项空缺。成交价格 35 万元，2015 年 11 月 1 日先付 25 万元，余下房款 11 月 2 日还该房贷款 10 万元，卖方给买方办理过户手续。11 月 1 日赵某 1 账户向苏某账户汇款 35 万元。

10. 冠县公安局出具的接处警登记表、接处警详情、情况说明证明：2016 年 4 月 1 日，苏某报警称其名仕花园小区住房门锁被换，两万元现金被盗。经现场勘验，未发现有涉及盗窃案件价值的痕迹物证。同月 13 日 11 时 17 分，冠县公安局崇文派出所接 110 指令，名仕花园小区最东边楼有人闹事。民警赶到该楼 11 楼西户，发现吴某等在房内搬东西，吴某向民警出示二手房买卖合同。苏某到场后，吴某责骂苏某欠钱不还，苏某承认欠债，并承认已将房产证交给吴某。民警告知双方协商或通过法律程序解决，双方同意。民警离开时，吴某让苏某留下，民警告知吴某不能阻止苏某离开，同时提醒苏某可以随时给民警打电话。民警下楼后，打电话再次告知吴某无权阻止苏某离开，吴某同意。14 日 16 时 27 分，郭某 1 打电话报警称源大公司私刻财务印章。当日 22 时 07 分，刘某打电话报警称源大公司有人打架。

11. 冠县公安局出具的户籍材料证明于欢及杜某 2、郭某 1、严某、程某的出生日期等情况。

四、医疗证明和医生的证言

1. 冠县人民医院出具的情况说明、病历、死亡记录证明：为杜某 2 办理住院登记完毕的时间是 2016 年 4 月 14 日 22 时 42 分 55 秒。杜某 2

经抢救于 15 日零时 27 分心跳骤停，抢救至 15 日 2 时 18 分，心跳不恢复，临床死亡，死亡诊断为失血性休克。

2. 冠县人民医院的病历、解放军总医院的住院病案及收费票据证明：2016 年 4 月 14 日至 5 月 9 日，严某在冠县人民医院抢救，CT 检查提示假性动脉瘤不除外，建议转院治疗；5 月 12 日至 21 日，严某在解放军总医院治疗，共支付医疗费 49693.47 元。同年 4 月 14 日至 23 日，程某在冠县人民医院治疗。

3. 证人李某 2、赵某 2（均系医生）的证言：2016 年 4 月 14 日 22 时许，杜某 2 被搀扶到该院急诊科，该院马上进行抢救。杜某 2 到医院时状态已经非常不好，意识模糊，烦躁状态，面色苍白，呼吸急促。鉴于病情危重，急送重症监护室。转到重症监护室时，杜某 2 已经昏迷，测不出体温、血压，遂进行输液、输血，上呼吸机。持续抢救到次日 1 时许，杜某 2 临床死亡。整个救治过程按照救治流程操作。事后听说有一辆送病人的车将医院限行杆撞断，未听说与保安发生冲突。

五、检察机关补充提取的证据

1. 聊城市人民检察院提取的银行转账凭证证明：2014 年 7 月 28 日至 2015 年 10 月 20 日，苏某账户向赵某 1 账户共计汇款 154 万元；2015 年 11 月 2 日至 2016 年 1 月 6 日，苏某账户向赵某 1 账户共计汇款 29.8 万元。

2. 聊城市人民检察院提取的通话清单证明：苏某手机于 2016 年 4 月 13 日 10 时 56 分拨打 110 并通话，同日 15 时 17 分、17 时 31 分、18 时 01 分拨打 063512345（市长热线）并通话；于某 1 手机于 2016 年 4 月 13 日 12 时 43 分拨打 110 并通话，当日 12 时 46 分、14 时 37 分、16 时 11 分拨打 063512345 并通话。

3. 冠县公安局制作的侦查实验笔录证明：2017 年 4 月 10 日 22 时 31 分至 23 时 22 分，侦查人员对从源大公司至相关医院抢救路线进行驾车实验，实验结果分别是到县人民医院 6.9 公里，用时约 9 分钟；到县中医院 5.2 公里，用时约 7 分钟。

综合考虑各上诉人的上诉意见、辩护人的辩护意见、山东省人民检察院的出庭意见、被害人及各诉讼代理人的意见，庭审调查的证据和查明的事实，根据相关法律规定，本院评判如下：

一、关于事实和证据

1. 上诉人于欢所提苏某实际是向吴某借款，原判未认定吴某、赵某1多次纠集人员对苏某暴力索债，案发时杜某2等人受吴某、赵某1指使，采用非法限制自由的方式讨债并对于欢、苏某侮辱、殴打的上诉意见和山东省人民检察院的相关出庭意见，与查明的事实基本相符，本院予以采纳。

2. 上诉人于欢及其辩护人所提原判未认定杜某2受伤后自行驾车前往冠县人民医院，而未去距离更近的冠县中医院，且到医院后还与门卫发生冲突，延误救治，导致失血过多死亡的上诉意见及辩护意见，与查明的事实不符。经查，多名证人反映杜某2是由杜某7驾车送医院治疗，而非自行前往；选择去人民医院而未去更近的中医院抢救，是因为人民医院是当地最好且距离也较近的医院，侦查实验证明从现场前往人民医院较前往中医院仅多约 2 分钟车程。故对于欢及其辩护人的该上诉意见及辩护意见，本院不予采纳。

3. 关于辩护人所提认定于欢犯故意伤害罪证据不足的相关辩护意见：（1）所提侦查机关对现场椅子是否移动、椅子上是否有指纹等事实未能查清的辩护意见，或者与查明的事实不符，或者对本案定罪量刑缺乏价值。（2）所提公安、检察机关有人与案件存在利害关系，两机关所收集的证据不应采信的辩护意见，经查，冠县公安局和冠县人民检察院依法收集的相关证据，客观真实地证明了案件相关事实，本案亦不存在依法应予回避的情形，故相关证据可作定案证据使用。（3）所提讨债人员串供、醉酒，应当排除其证言的辩护意见，经查，案发后讨债人员仅就涉案高息借贷的实际发放者进行串供，该节事实不影响本案定罪量刑，原审及本院亦未采信相关证据；没有证据证明讨债人员就其他事实有过串供，讨债人员对有关案件事实的证言能够得到在案其他证人证言及被告人供述和辩解等证据的印证；案发当天讨债人员大量饮酒属实，但没有证据证明讨债人员因为醉酒而丧失作证能力，排除其证言于法无据。故对辩护人的上述辩护意见，本院不予采纳。

4.被害人及其诉讼代理人所提原判未认定作案尖刀系管制刀具，来源未能查清的意见，经查，根据外观特征认定本案的作案工具为尖刀，并无不当；只有被害人郭某1一人陈述于欢从身上拿出尖刀，该陈述与在场的其他被害人陈述及有关证人证言等证据不符，且该尖刀是否为于欢事前准备，不影响于欢的行为是否具有防卫性质的认定。故对上述意见，本院不予采纳。

5.辩护人当庭提交的3份新证据材料，出庭检察员当庭提交的有关苏某计划外生育被罚款的收费收据、于欢父亲于某1身份信息的新证据材料，或者不具有客观性，或者与案件无关联性，本院不予采信。

二、关于法律适用

1.上诉人于欢的行为是否具有防卫性质。上诉人及其辩护人、出庭检察员均认为，于欢的行为具有防卫性质；被害人及其诉讼代理人认为，于欢的捅刺行为不具备正当防卫的前提条件。

经查，案发当时杜某2等人对于欢、苏某实施了限制人身自由的非法拘禁行为，并伴有侮辱和对于欢间有推搡、拍打、卡项部等肢体行为。当民警到达现场后，于欢和苏某欲随民警走出接待室时，杜某2等人阻止二人离开，并对于欢实施推拉、围堵等行为，在于欢持刀警告时仍出言挑衅并逼近，实施正当防卫所要求的不法侵害客观存在并正在进行。于欢是在人身安全面临现实威胁的情况下才持刀捅刺，且其捅刺的对象都是在其警告后仍向前围逼的人，可以认定其行为是为了制止不法侵害。故原判认定于欢捅刺被害人不存在正当防卫意义上的不法侵害确有不当，应予纠正；对于欢及其辩护人、出庭检察员所提于欢的行为具有防卫性质的意见，本院予以采纳；对被害人及其诉讼代理人提出的相反意见，本院不予采纳。

2.上诉人于欢的行为是否属于特殊防卫。辩护人提出，根据有关司法解释，讨债人员的行为构成抢劫罪，于欢捅刺抢劫者的行为属特殊防卫，不构成犯罪；出庭检察员、被害人及其诉讼代理人持反对意见。

根据刑法规定，对正在进行的行凶、杀人、抢劫、强奸、绑架以及其他严重危及人身安全的暴力犯罪，公民有权进行特殊防卫。但本案并不存在适用特殊防卫的前提条件。经查，苏某、于某1系主动通过他人协调、担保，向吴某借贷，自愿接受吴某所提10%的月息。既不存在苏某、于某1被强迫向吴某高息借贷的事实，也不存在吴某强迫苏某、于某1借贷的事实，与司法解释有关强迫借贷按抢劫罪论处的规定不符。故对辩护人的相关辩护意见，本院不予采纳；对出庭检察员、被害人及其诉讼代理人提出的于欢行为不属于特殊防卫的意见，本院予以采纳。

3.上诉人于欢的防卫行为是否属于防卫过当。于欢提出其行为属于正当防卫或防卫过当，其辩护人提出于欢的防卫行为没有超过必要限度，属于正当防卫；出庭检察员提出，于欢的行为属于防卫过当。

　　根据刑法规定，正当防卫明显超过必要限度造成重大损害的，属于防卫过当，应当负刑事责任。评判防卫是否过当，应当从不法侵害的性质、手段、紧迫程度和严重程度，防卫的条件、方式、强度和后果等情节综合判定。根据本案查明的事实及在案证据，杜某2一方虽然人数较多，但其实施不法侵害的意图是给苏某夫妇施加压力以催讨债务，在催债过程中未携带、使用任何器械；在民警朱某等进入接待室前，杜某2一方对于欢母子实施的是非法拘禁、侮辱和对于欢拍打面颊、揪抓头发等行为，其目的仍是逼迫苏某夫妇尽快还款；在民警进入接待室时，双方没有发生激烈对峙和肢体冲突，当民警警告不能打架后，杜某2一方并无打架的言行；在民警走出接待室寻找报警人期间，于欢和讨债人员均可透过接待室玻璃清晰看见停在院内的警车警灯闪烁，应当知道民警并未离开；在于欢持刀警告不要逼过来时，杜某2等人虽有出言挑衅并向于欢围逼的行为，但并未实施强烈的攻击行为。即使四人被于欢捅刺后，杜某2一方也没有人对于欢实施暴力还击行为。于欢的姑母于某2证明，在民警闻声返回接待室时，其跟着走到大厅前台阶处，见对方一人捂着肚子说"没事没事，来真的了"。因此，于欢面临的不法侵害并不紧迫和严重，而其却持利刃连续捅刺四人，致一人死亡、二人重伤、一人轻伤，且其中一人即郭某1系被背后捅伤，应当认定于欢的防卫行为明显超过必要限度造成重大损害。故对出庭检察员及于欢所提本案属于防卫过当的意见，本院予以采纳；对辩护人所提于欢的防卫行为未超过必要限度的意见，本院不予采纳。

4.上诉人于欢的行为是否构成故意杀人罪。被害人杜某2近亲属委托的诉讼代理人提出，于欢的行为构成故意杀人罪。经查，虽然于欢连续捅刺四人，但捅刺对象都是当时围逼在其身边的人，未对离其较远的其他不法侵害人进行捅刺，亦未对同一不法侵害人连续捅刺。可见，于欢的目的在于制止不法侵害并离开接待室，在案证据不能证实其具有追求或放任致人死亡危害结果发生的故意。故对上述代理意见，本院不予采纳。

5.上诉人于欢是否构成自首。于欢及其辩护人提出，于欢构成自首。经查，执法记录视频及相关证据证明，在于欢持刀捅人后，在源大公司院内处警的民警闻声即刻返回接待室。民警责令于欢交出尖刀，于欢并未听从，而是要求先让其出去，经民警多次责令，于欢才交出尖刀。可见，于欢当时的表现只是未抗拒民警现场执法，并无自动投案的意思表示和行为，依法不构成自首。故对此上诉意见和辩护意见，本院不予采纳。

三、关于刑罚裁量

上诉人于欢及其辩护人提出，于欢具有自首情节，平时表现良好，且被害方有严重过错等从宽处罚情节，原判量刑畸重；出庭检察员提出，对于欢依法应当减轻或免除处罚；被害人及其诉讼代理人提出，应当维持原判量刑。

经查，在吴某、赵某1指使下，杜某2等人除在案发当日对于欢、苏某实施非法拘禁、侮辱及对于欢间有推搡、拍打、卡项部等肢体行为，此前也实施过侮辱苏某、干扰源大公司生产经营等逼债行为。于欢及其母亲苏某连日来多次遭受催逼、骚扰、侮辱，导致于欢实施防卫行为时难免带有恐惧、愤怒等因素。对于欢及其辩护人所提本案被害方存在严重过错、原判量刑畸重等上诉意见和辩护意见，本院予以采纳。

本院还查明，本案系由吴某等人催逼高息借贷引发，苏某多次报警后，吴某等人的不法逼债行为并未收敛。案发当日被害人杜某2曾当着于欢之面公然以裸露下体的方式侮辱其母亲苏某，虽然距于欢实施防卫行为已间隔约二十分钟，但于欢捅刺杜某2等人时难免不带有报复杜某2辱母的情绪，在刑罚裁量上应当作为对于欢有利的情节重点考虑。杜某2的辱母行为严重违法、亵渎人伦，应当受到惩罚和谴责，但于欢在实施防卫行为时致一人死亡、二人重伤、一人轻伤，且其中一重伤者系于欢持刀从背部捅刺，防卫明显过当。于欢及其母亲苏某的人身自由和人格尊严应当受到法律保护，但于欢的防卫行为超出法律所容许的限度，依法也应当承担刑事责任。认定于欢行为属于防卫过当，构成故意伤害罪，既是严格司法的要求，也符合人民群众的公平正义观念。

根据刑法规定，故意伤害致人死亡的，处十年以上有期徒刑、无期徒刑或者死刑；防卫过当的，应当减轻或者免除处罚。于欢的防卫行为明显超过必要限度造成重大伤亡后果，减轻处罚依法应当在三至十年有期徒刑的法定刑幅度内量刑。于欢在民警尚在现场调查，警车仍在现场闪烁警灯的情形下，为离开接待室而持刀防卫，为摆脱对方围堵而捅死捅伤多人，且除杜某2以外，其他三人并未实施侮辱于欢母亲的行为。综合考虑于欢犯罪的事实、性质、情节和危害后果，对出庭检察员所提对于欢减轻处罚的意见，本院予以采纳；对被害人及其诉讼代理人所提维持原判量刑的意见，本院不予采纳。

四、关于诉讼程序

上诉人于欢提出，本案存在办案机关违反回避规定的情形。经查，被害人杜某2确有亲属在冠县检察机关、政府部门任职，但此事实并非法定的回避事由，本案也不存在刑事诉讼法规定的其他应予回避或移送、指定管辖的情形。故对上述意见，本院不予采纳。

本院认为，上诉人于欢持刀捅刺杜某2等四人，属于制止正在进行的不法侵害，其行为具有防卫性质；其防卫行为造成一人死亡、二人重伤、一人轻伤的严重后果，明显超过必要限度造成重大损害，构成故意伤害罪，依法应负刑事责任。鉴于于欢的行为属于防卫过当，于欢归案后能够如实供述主要罪行，且被害方有以恶劣手段侮辱于欢之母的严重过错等情节，对于欢依法应当减轻处罚。于欢的犯罪行为给上诉人杜某1、许某、李某1、杜某3、杜某4、杜某5、杜某6和原审附带民事诉讼原告人严某、程某造成的物质损失，应当依法赔偿。上诉人杜某1等所提判令于欢赔偿死亡赔偿金、被抚养人生活费的上诉请求于法无据，本院不予支持，对杜某2四名未成年子女可依法救济。原判认定于欢犯故意伤害罪正确，审判程序合法，但认定事实不全面，部分刑事判项适用法律错误，量刑过重，依法应予改判。依照《中华人民共和国刑法》第二百三十四条第二款、第二十条、第六十七条第三款、第六十三条第一款、第六十一条、第三十六条第一款、《中华人民共和国刑事诉讼法》第二百二十五条第一款第三项及《最高人民法院关于适用〈中华人民共和国刑事诉讼法〉的解释》第一百五十五条第一款、第二款的规定，判决如下：

一、驳回上诉人（原审附带民事诉讼原告人）杜某1、许某、李某1、杜某3、杜某4、杜某5、杜某6的上诉，维持山东省聊城市中级人民法院（2016）鲁15刑初33号刑事附带民事判决第二项、第三项、第四项附带民事部分；

二、撤销山东省聊城市中级人民法院（2016）鲁15刑初33号刑事附带民事判决第一项刑事部分；

三、上诉人（原审被告人）于欢犯故意伤害罪，判处有期徒刑五年。（刑期从判决执行之日起计算。判决执行以前先行羁押的，羁押一日折抵刑期一日，即自2016年4月15日起至2021

年 4 月 14 日止）。

本判决为终审判决。

审判长　吴　靖

审判员　刘振会

审判员　王文兴

二〇一七年六月二十三日

书记员　姚颖博　张　坤

3. 各方点评

中国政法大学教授阮齐林：认定正当防卫，应当把防卫人当作法律秩序的维护者，当作法律的同一战壕的战友，来适用正当防卫

法律赋予公民正当防卫权，是法律需要与公民共同与违法犯罪作斗争，共同维护法律秩序，预防犯罪，共同构建人人知理守法和平相处的交往关系。因此，防卫人反击不法侵害时，已经与法律属于同一个战壕的战友，而不法侵害人是法律和防卫人的共同敌人。

从"于欢案"到"昆山案"，经过司法机关、学界、社会公众关注，热议到反思和总结，产生了正当防卫新观念，那就是充分认识到正当防卫行为的积极意义，鼓励公民同犯罪做斗争，不仅仅是在捍卫自己的合法权益，同时也是维护社会规范、法律秩序，起到预防犯罪的积极作用。因此，认定正当防卫，应当把防卫人当作法律秩序的维护者，当作法律的同一战壕的战友，来适用正当防卫。设身处地以"行为人、行为时"为基准评价防卫行为的启动和防卫行为合理的表现，正确适用正当防卫制度。

北京大学教授梁根林：法律人要上通天理，下达人情，"昆山案""于欢案"的处理实现了形式法治和实质正义的有机统一

中国传统法文化强调"天理""国法""人情"的统一，西方法文化崇尚以自然权利、普遍理性、公平正义为内涵的自然法，都反对纯粹的形式理性，而强调良法善治。法律人要上通天理，下达人情，"昆山案""于欢案"的处理实现了形式法治和实质正义的有机统一，对于促进正当

防卫的适用，乃至刑法其他规范的正确理解，具有积极意义。

司法实务长期忽视了扩大正当防卫适用的立法原意，导致该条款未被真正激活，成为僵尸条款。在判断是否过当的问题上，存在四种误区。

一是客观冷静的圣人标准，要求防卫人在紧急情况下客观冷静，并不现实。

二是事后思维，基于事后的全部事实来判断正当防卫，过于苛责。

三是对等武装，要求防卫人采取基本相当的打击方式、力度，实属机械。

四是唯结果论，正当防卫本身就包含被防卫人死亡、重伤的情形，损害结果不是否定正当防卫的理由。

附录：最高人民检察院
第十二批指导性案例
（2018年12月）

正义者毋庸向非正义者低头。

法不能向不法让步。

陈某正当防卫案

（检例第 45 号）

【关键词】

未成年人　故意伤害　正当防卫　不批准逮捕

【要旨】

在被人殴打、人身权利受到不法侵害的情况下，防卫行为虽然造成了重大损害的客观后果，但是防卫措施并未明显超过必要限度的，不属于防卫过当，依法不负刑事责任。

【基本案情】

陈某，未成年人，某中学学生。

2016 年 1 月初，因陈某在甲的女朋友的网络空间留言示好，甲纠集乙等人，对陈某实施了殴打。

1 月 10 日中午，甲、乙、丙等 6 人（均为未成年人），在陈某就读的中学门口，见陈某从大门走出，有人提议陈某向老师告发他们打架，要去问个说法。甲等人尾随一段路后拦住陈某质问，陈某解释没有告状，甲等人不肯罢休，抓住并围殴陈某。乙的3位朋友（均为未成年人）正在附近，见状加入围殴陈某。其中，有人用膝盖顶击陈某的胸口、有人持石块击打陈某的手臂、有人持钢管击打陈某的背部，其他人对陈某或勒脖子或拳打脚踢。陈某掏出随身携带的折叠式水果刀（刀身长8.5厘米，不属于管制刀具），乱挥乱刺后逃脱。部分围殴人员继续追打并从后投掷石块，击中陈某的背部和腿部。陈某逃进学校，追打人员被学校保安拦住。陈某在反击过程中刺中了甲、乙和丙，经鉴定，该3人的损伤程度均构成重伤二级。陈某经人身检查，见身体多处软组织损伤。

案发后，陈某所在学校向司法机关提交材料，证实陈某遵守纪律、学习认真、成绩优秀，是一名品学兼优的学生。

公安机关以陈某涉嫌故意伤害罪立案侦查，并对其采取刑事拘留强制措施，后提请检察机关批准逮捕。检察机关根据审查认定的事实，依据《刑法》第二十条第一款的规定，认为陈某的行为属于正当防卫，不负刑事责任，决定不批准逮捕。公安机关将陈某释放同时要求复议。检察机关经复议，维持原决定。

检察机关在办案过程中积极开展释法说理工作，甲等人的亲属在充分了解事实经过和法律规定后，对检察机关的处理决定表示认可。

【不批准逮捕的理由】

公安机关认为，陈某的行为虽有防卫性质，但已明显超过必要限度，属于防卫过当，涉嫌故意伤害罪。检察机关则认为，陈某的防卫行为没有明显超过必要限度，不属于防卫过当，不构成犯罪。主要理由如下：

第一，陈某面临正在进行的不法侵害，反击行为具有防卫性质。任何人面对正在进行的不法侵害，都有予以制止、依法实施防卫的权利。本案中，甲等人借故拦截陈某并实施围殴，属于正在进行的不法侵害，陈某的反击行为显然具有防卫性质。

第二，陈某随身携带刀具，不影响正当防卫的认定。对认定正当防卫有影响的，并不是防卫人携带了可用于自卫的工具，而是防卫人是否有相互斗殴的故意。陈某在事前没有与对方约架斗殴的意图，被拦住后也是先解释退让，最后在遭到对方围打时才被迫还手，其随身携带水果刀，无论是日常携带还是事先有所防备，都不影响对正当防卫作出认定。

第三，陈某的防卫措施没有明显超过必要限度，不属于防卫过当。陈某的防卫行为致实施不法侵害的3人重伤，客观上造成了重大损害，但防卫措施并没有明显超过必要限度。陈某被9人围住殴打，其中有人使用了钢管、石块等工具，双方实力相差悬殊，陈某借助水果刀增强防卫能力，在手段强度上合情合理。并且，对方在陈某逃脱时仍持续追打，共同侵害行为没有停止，所以就制止整体不法侵害的实际需要来看，陈某持刀挥刺也没有不相适应之处。综合来看，陈某的防卫行为虽有致多人重伤的客观后果，但防卫措施没有明显超过必要限度，依法不属于防卫过当。

【指导意义】

《刑法》第二十条第一款规定，"为了使国家、公共利益、本人或者他人的人身、财产和其他权利免受正在进行的不法侵害，而采取的制止不法侵害的行为，对不法侵害人造成损害的，属于正当防卫，不负刑事责任"。司法实践通常称这种正当防卫为"一般防卫"。

一般防卫有限度要求，超过限度的属于防卫过当，需要负刑事责任。《刑法》规定的限度条件是"明显超过必要限度造成重大损害"，具体而言，行为人的防卫措施虽明显超过必要限度但防卫结果客观上并未造成重大损害，或者防卫结果虽客观上造成重大损害但防卫措施并未明显超过必要限度，均不能认定为防卫过当。本案中，陈某为了保护自己的人身安全而持刀反击，就所要保护的权利性质以及与侵害方的手段强度比较来看，不能认为防卫措施明显超过了必要限度，所以即使防卫结果在客观上造成了重大损害，也不属于防卫过当。

正当防卫既可以是为了保护自己的合法权益，也可以是为了保护他人的合法权益。《中华人民共和国未成年人保护法》第六条第二款也规定，"对侵犯未成年人合法权益的行为，任何组织和个人都有权予以劝阻、制止或者向有关部门提出检举或者控告"。对于未成年人正在遭受侵害的，任何人都有权介入保护，成年人更有责任予以救助。但是，冲突双方均为未成年人的，成年人介入时，应当优先选择劝阻、制止的方式；劝阻、制止无效的，在隔离、控制或制服侵害人时，应当注意手段和行为强度的适度。

检察机关办理正当防卫案件遇到争议时，应当根据《最高人民检察院关于实行检察官以案释法制度的规定》，适时、主动进行释法说理工作。对事实认定、法律适用和办案程序等问题进行答疑解惑，开展法治宣传教育，保障当事人和其他诉讼参与人的合法权利，努力做到案结事了。

人民检察院审查逮捕时，应当严把事实关、证据关和法律适用关。根据查明的事实，犯罪嫌疑人的行为属于正当防卫，不负刑事责任的，应当依法作出不批准逮捕的决定，保障无罪的人不受刑事追究。

【相关规定】

《中华人民共和国刑法》第二十条

《中华人民共和国刑事诉讼法》第九十条、

第九十二条

朱凤山故意伤害（防卫过当）案

（检例第 46 号）

【关键词】

民间矛盾　故意伤害　防卫过当　二审检察

【要旨】

在民间矛盾激化过程中，对正在进行的非法侵入住宅、轻微人身侵害行为，可以进行正当防卫，但防卫行为的强度不具有必要性并致不法侵害人重伤、死亡的，属于明显超过必要限度造成重大损害，应当负刑事责任，但是应当减轻或者免除处罚。

【基本案情】

朱凤山，男，1961 年 5 月 6 日出生，农民。

朱凤山之女朱某与齐某系夫妻，朱某于2016年1月提起离婚诉讼并与齐某分居，朱某带女儿与朱凤山夫妇同住。齐某不同意离婚，为此经常到朱凤山家吵闹。4月4日，齐某在吵闹过程中，将朱凤山家门窗玻璃和朱某的汽车玻璃砸坏。朱凤山为防止齐某再进入院子，将院子一侧的小门锁上并焊上铁窗。5月8日22时许，齐某酒后驾车到朱凤山家，欲从小门进入院子，未得逞后在大门外叫骂。朱某不在家中，仅朱凤山夫妇带外孙女在家。朱凤山将情况告知齐某，齐某不肯作罢。朱凤山又分别给邻居和齐某的哥哥打电话，请他们将齐某劝离。在邻居的劝说下，齐某驾车离开。23时许，齐某驾车返回，站在汽车引擎盖上摇晃、攀爬院子大门，欲强行进入，朱凤山持铁叉阻拦后报警。齐某爬上院墙，在墙上用瓦片掷砸朱凤山。朱凤山躲到一边，并从屋内拿出宰羊刀防备。随后齐某跳入院内徒手与朱凤山撕扯，朱凤山刺中齐某胸部一刀。朱凤山见齐某受伤把大门打开，民警随后到达。齐某因主动脉、右心房及肺脏被刺破致急性大失血死亡。朱凤山在案发过程中报警，案发后在现场等待民警抓捕，属于自动投案。

一审阶段，辩护人提出朱凤山的行为属于防卫过当，公诉人认为朱凤山的行为不具有防卫性质。一审判决认定，根据朱凤山与齐某的关系及具体案情，齐某的违法行为尚未达到朱凤山必须通过持刀刺扎进行防卫制止的程度，朱凤山的行为不具有防卫性质，不属于防卫过当；朱凤山自动投案后如实供述主要犯罪事实，系自首，依法从轻处罚，朱凤山犯故意伤害罪，判处有期徒刑十五年，剥夺政治权利五年。

朱凤山以防卫过当为由提出上诉。河北省人民检察院二审出庭认为，根据查明的事实，依据《中华人民共和国刑法》第二十条第二款的规定，朱凤山的行为属于防卫过当，应当负刑事责任，但是应当减轻或者免除处罚，朱凤山的上诉理由成立。河北省高级人民法院二审判决认定，朱凤山持刀致死被害人，属防卫过当，应当依法减轻处罚，对河北省人民检察院的出庭意见予以支持，判决撤销一审判决的量刑部分，改判朱凤山有期徒刑七年。

【检察机关二审审查和出庭意见】

检察机关二审审查认为，朱凤山及其辩护人所提防卫过当的意见成立，一审公诉和判决对此未作认定不当，属于适用法律错误，二审应当作出纠正，并据此发表了出庭意见。主要意见和理由如下：

第一，齐某的行为属于正在进行的不法侵害。齐某与朱某已经分居，齐某当晚的行为在时间、方式上也显然不属于探视子女，故在朱凤山拒绝其进院后，其摇晃、攀爬大门并跳入院内，属于非法侵入住宅。齐某先用瓦片掷砸随后进行撕扯，侵犯了朱凤山的人身权利。齐某的这些行为，均属于正在进行的不法侵害。

第二，朱凤山的行为具有防卫的正当性。齐某的行为从吵闹到侵入住宅、侵犯人身，呈现升级趋势，具有一定的危险性。齐某经人劝离后再次返回，执意在深夜时段实施侵害，不法行为具有一定的紧迫性。朱凤山先是找人规劝，继而报警求助，始终没有与齐某斗殴的故意，提前准备工具也是出于防卫的目的，因此其反击行为具有防卫的正当性。

第三，朱凤山的防卫行为明显超过必要限度造成重大损害，属于防卫过当。齐某上门闹事、滋扰的目的是不愿离婚，希望能与朱某和好继续共同生活，这与离婚后可能实施报复的行为有很大区别。齐某虽实施了投掷瓦片、撕扯的行为，但整体仍在闹事的范围内，对朱凤山人身权利的侵犯尚属轻微，没有危及朱凤山及其家人的健康或生命的明显危险。朱凤山已经报警，也有继续周旋、安抚、等待的余地，但却选择使用刀具，在撕扯过程中直接捅刺齐某的要害部位，最终造成了齐某伤重死亡的重大损害。综合来看，朱凤山的防卫行为，在防卫措施的强度上不具有必要性，在防卫结果与所保护的权利对比上也相差悬殊，应当认定为明显超过必要限度造成重大损害，属于防卫过当，依法应当负刑事责任，但是应当减轻或者免除处罚。

【指导意义】

《刑法》第二十条第二款规定，"正当防卫明显超过必要限度造成重大损害的，应当负刑事责任，但是应当减轻或者免除处罚"。司法实践通常称本款规定的情况为"防卫过当"。

防卫过当中，重大损害是指造成不法侵害人死亡、重伤的后果，造成轻伤及以下损伤的不属于重大损害；明显超过必要限度是指，根据所保护的权利性质、不法侵害的强度和紧迫程度等综合衡量，防卫措施缺乏必要性，防卫强度与侵害程度对比也相差悬殊。司法实践中，重大损害的认定比较好把握，但明显超过必要限度的认定相对复杂，对此应当根据不法侵害的性质、手段、强度和危害程度，以及防卫行为的性质、手段、强度、时机和所处环境等因素，进行综合判断。本案中，朱凤山为保护住宅安宁和免受可能的一定人身侵害，而致侵害人丧失生命，就防卫与侵害的性质、手段、强度和结果等因素的对比来看，既不必要也相差悬殊，属于明显超过必要限度造成重大损害。

民间矛盾引发的案件极其复杂，涉及防卫性质争议的，应当坚持依法、审慎的原则，准确作出判断和认定，从而引导公民理性平和解决争端，避免在争议纠纷中不必要地使用武力。针对实践当中的常见情形，可注意把握以下几点：一是应作整体判断，即分清前因后果和是非曲直，根据查明的事实，当事人的行为具有防卫性质的，应当依法作出认定，不能唯结果论，也不能因矛盾暂时没有化解等因素而不去认定或不敢认定；二是对于近亲属之间发生的不法侵害，对防卫强度必须结合具体案情作出更为严格的限制；三是对于被害人有无过错与是否正在进行的不法侵害，应当通过细节的审查、补查，作出准确的区分和认定。

人民检察院办理刑事案件，必须高度重视犯罪嫌疑人、被告人及其辩护人所提正当防卫或防卫过当的意见，对于所提意见成立的，应当及时予以采纳或支持，依法保障当事人的合法权利。

【相关规定】

《中华人民共和国刑法》第二十条、第二百三十四条

《中华人民共和国刑事诉讼法》第二百三十五条

于海明正当防卫案

（检例第 47 号）

【关键词】

行凶　正当防卫　撤销案件

【要旨】

对于犯罪故意的具体内容虽不确定，但足以严重危及人身安全的暴力侵害行为，应当认定为《刑法》第二十条第三款规定的"行凶"。行凶已经造成严重危及人身安全的紧迫危险，即使没有发生严重的实害后果，也不影响正当防卫的成立。

【基本案情】

于海明，男，1977 年 3 月 18 日出生，某酒店业务经理。

2018 年 8 月 27 日 21 时 30 分许，于海明骑自行车在江苏省昆山市震川路正常行驶，刘某醉酒驾驶小轿车（经检测，血液酒精含量 87mg/100ml），向右强行闯入非机动车道，与于海明险些碰擦。刘某的一名同车人员下车与于海明争执，经同行人员劝解返回时，刘某突然下车，上前推搡、踢打于海明。虽经劝解，刘某仍持续追打，并从轿车内取出一把砍刀（系管制刀具），连续用刀面击打于海明颈部、腰部、腿部。刘某在击打过程中将砍刀甩脱，于海明抢到砍刀，刘某上前争夺，在争夺中于海明捅刺刘某的腹部、臀部，砍击其右胸、左肩、左肘。刘某受伤后跑向轿车，于海明继续追砍 2 刀均未砍中，其中 1 刀砍中轿车。刘某跑离轿车，于海明返回轿车，将车内刘某的手机取出放入自己口袋。民警到达现场后，于海明将手机和砍刀交给处警民警（于海明称，拿走刘某的手机是为了防止对方打电话召集人员报复）。刘某逃离后，倒在附近绿化带内，后经送医抢救无效，因腹部大静脉等破裂致失血性休克于当日死亡。于海明经人身检查，见左颈部条形挫伤 1 处、左胸季肋部条形挫伤 1 处。

8 月 27 日当晚，公安机关以"于海明故意伤害案"立案侦查；8 月 31 日，公安机关查明了本案的全部事实。9 月 1 日，江苏省昆山市公安局根据侦查查明的事实，依据《中华人民共和国刑法》第二十条第三款的规定，认定于海明的行为属于正当防卫，不负刑事责任，决定依法撤销于海明故意伤害案。其间，公安机关依据相关规定，听取了检察机关的意见，昆山市人民检察院同意公安机关的撤销案件决定。

【检察机关的意见和理由】

检察机关的意见与公安机关的处理意见一致，具体论证情况和理由如下：

第一，关于刘某的行为是否属于"行凶"的问题。在论证过程中有意见提出，刘某仅使用刀面击打于海明，犯罪故意的具体内容不确定，不宜认定为行凶。论证后认为，对行凶的认定，应当遵循《刑法》第二十条第三款的规定，以"严重危及人身安全的暴力犯罪"作为把握的标准。刘某开始阶段的推搡、踢打行为不属于"行凶"，但从持砍刀击打后，行为性质已经升级为暴力犯罪。刘某攻击行为凶狠，所持凶器可轻易致人死伤，随着事态发展，接下来会造成什么样的损害后果难以预料，于海明的人身安全处于现实的、急迫的和严重的危险之下。刘某具体抱持杀人的故意还是伤害的故意不确定，正是许多行凶行为的特征，而不是认定的障碍。因此，刘某的行为符合"行凶"的认定标准，应当认定为"行凶"。

第二，关于刘某的侵害行为是否属于"正在进行"的问题。在论证过程中有意见提出，于海明抢到砍刀后，刘某的侵害行为已经结束，不属于正在进行。论证后认为，判断侵害行为是否已经结束，应看侵害人是否已经实质性脱离现场以及是否还有继续攻击或再次发动攻击的可能。于海明抢到砍刀后，刘某立刻上前争夺，侵害行为没有停止，刘某受伤后又立刻跑向之前藏匿砍刀的汽车，于海明此时做不间断的追击也符合防卫的需要。于海明追砍两刀均未砍中，刘某从汽车旁边跑开后，于海明也未再追击。因此，在于海明抢得砍刀顺势反击时，刘某既未放弃攻击行为也未实质性脱离现场，不能认为侵害行为已经停止。

第三，关于于海明的行为是否属于正当防卫的问题。在论证过程中有意见提出，于海明本人所受损伤较小，但防卫行为却造成了刘某死亡的后果，二者对比不相适应，于海明的行为属于防卫过当。论证后认为，不法侵害行为既包括实害行为也包括危险行为，对于危险行为同样可以实施正当防卫。认为"于海明与刘某的伤情对比不相适应"的意见，只注意到了实害行为而忽视了危险行为，这种意见实际上是要求防卫人应等到暴力犯罪造成一定的伤害后果才能实施防卫，这不符合及时制止犯罪、让犯罪不能得逞的防卫需要，也不适当地缩小了正当防卫的依法成立范围，是不正确的。本案中，在刘某的行为因具有危险性而属于"行凶"的前提下，于海明采取防卫行为致其死亡，依法不属于防卫过当，不负刑事责任，于海明本人是否受伤或伤情轻重，对正当防卫的认定没有影响。公安机关认定于海明的行为系正当防卫，决定依法撤销案件的意见，完全正确。

【指导意义】

《刑法》第二十条第三款规定，"对正在进行行凶、杀人、抢劫、强奸、绑架以及其他严重危及人身安全的暴力犯罪，采取防卫行为，造成不法侵害人伤亡的，不属于防卫过当，不负刑事责任"。司法实践通常称这种正当防卫为"特殊防卫"。

《刑法》作出特殊防卫的规定，目的在于进一步体现"法不能向不法让步"的秩序理念，同时肯定防卫人以对等或超过的强度予以反击，即使造成不法侵害人伤亡，也不必顾虑可能成立防卫过当因而构成犯罪的问题。司法实践中，如果面对不法侵害人"行凶"性质的侵害行为，仍对防卫人限制过苛，不仅有违立法本意，也难以取得制止犯罪，保护公民人身权利不受侵害的效果。

适用本款规定，"行凶"是认定的难点，对此应当把握以下两点：一是必须是暴力犯罪，对于非暴力犯罪或一般暴力行为，不能认定为行凶；二是必须严重危及人身安全，即对人的生命、健康构成严重危险。在具体案件中，有些暴力行为的主观故意尚未通过客观行为明确表现出来，或者行为人本身就是持概括故意予以实施，这类行为的故意内容虽不确定，但已表现出多种故意的可能，其中只要有现实可能造成他人重伤或死亡的，均应当认定为"行凶"。

正当防卫以不法侵害正在进行为前提。所谓正在进行，是指不法侵害已经开始但尚未结束。不法侵害行为多种多样、性质各异，判断是否正在进行，应就具体行为和现场情境作具体分析。判断标准不能机械地对刑法上的着手与既遂作出理解、判断，因为着手与既遂侧重的是侵害人可罚性的行为阶段问题，而侵害行为正在进行，侧重的是防卫人的利益保护问题。所以，不能要求不法侵害行为已经加诸被害人身上，只要不法侵害的现实危险已经迫在眼前，或者已达既遂状态但侵害行为没有实施终了的，就应当认定为正在进行。

需要强调的是，特殊防卫不存在防卫过当的问题，因此不能作宽泛的认定。对于因民间矛盾引发、不法与合法对立不明显以及夹杂泄愤报复成分的案件，在认定特殊防卫时应当十分慎重。

【相关规定】

《中华人民共和国刑法》第二十条

侯雨秋正当防卫案

（检例第 48 号）

【关键词】

聚众斗殴　故意伤害　正当防卫　不起诉

【要旨】

单方聚众斗殴的，属于不法侵害，没有斗殴故意的一方可以进行正当防卫。单方持械聚众斗殴，对他人的人身安全造成严重危险的，应当认定为《刑法》第二十条第三款规定的"其他严重危及人身安全的暴力犯罪"。

【基本案情】

侯雨秋，男，1981 年 5 月 18 日出生，务工人员。

侯雨秋系葛某经营的养生会所员工。2015 年 6 月 4 日 22 时 40 分许，某足浴店股东沈某因怀疑葛某等人举报其店内有人卖淫嫖娼，遂纠集本店员工雷某、柴某等 4 人持棒球棍、匕首赶至葛某的养生会所。沈某先行进入会所，无故推翻大堂盆栽挑衅,与葛某等人扭打。雷某、柴某等人随后持棒球棍、匕首冲入会所,殴打店内人员,其中雷某持匕首两次刺中侯雨秋右大腿。其间,柴某所持棒球棍掉落,侯雨秋捡起棒球棍挥打,击中雷某头部致其当场倒地。该会所员工报警,公安人员赶至现场,将沈某等人抓获,并将侯雨秋、雷某送医救治。雷某经抢救无效,因严重颅脑损伤于6月24日死亡。侯雨秋的损伤程度构成轻微伤,该会所另有2人被打致轻微伤。

公安机关以侯雨秋涉嫌故意伤害罪,移送检察机关审查起诉。浙江省杭州市人民检察院根据审查认定的事实,依据《中华人民共和国刑法》第二十条第三款的规定,认为侯雨秋的行为属于正当防卫,不负刑事责任,决定对侯雨秋不起诉。

【不起诉的理由】

检察机关认为,本案沈某、雷某等人的行为属于《刑法》第二十条第三款规定的"其他严重危及人身安全的暴力犯罪",侯雨秋对此采取防卫行为,造成不法侵害人之一雷某死亡,依法不属于防卫过当，不负刑事责任。主要理由如下：

第一，沈某、雷某等人的行为属于"其他严重危及人身安全的暴力犯罪"。判断不法侵害行为是否属于《刑法》第二十条第三款规定的"其他"犯罪，应当以本款列举的杀人、抢劫、强奸、绑架为参照，通过比较暴力程度、危险程度和刑法给予惩罚的力度等综合作出判断。本案沈某、雷某等人的行为，属于单方持械聚众斗殴，构成犯罪的法定最低刑虽然不重，与一般伤害罪相同，但《刑法》第二百九十二条同时规定，聚众斗殴，致人重伤、死亡的，依照《刑法》关于故意伤害致人重伤、故意杀人的规定定罪处罚。《刑法》作此规定表明，聚众斗殴行为常可造成他人重伤或者死亡，结合案件具体情况，可以判定聚众斗殴与故意致人伤亡的犯罪在暴力程度和危险程度上是一致的。本案沈某、雷某等共 5 人聚众持棒球棍、匕首等杀伤力很大的工具进行斗殴，短时间内已经打伤 3 人，应当认定为"其他严重危及人身安全的暴力犯罪"。

第二，侯雨秋的行为具有防卫性质。侯雨秋

工作的养生会所与对方的足浴店，尽管存在生意竞争关系，但侯雨秋一方没有斗殴的故意，本案打斗的起因系对方挑起，打斗的地点也系在本方店内，所以双方攻击与防卫的关系清楚明了。沈某纠集雷某等人聚众斗殴属于正在进行的不法侵害，没有斗殴故意的侯雨秋一方可以进行正当防卫，因此侯雨秋的行为具有防卫性质。

第三，侯雨秋的行为不属于防卫过当，不负刑事责任。本案沈某、雷某等人的共同侵害行为，严重危及他人人身安全，侯雨秋为保护自己和本店人员免受暴力侵害，而采取防卫行为，造成不法侵害人之一雷某死亡，依据《刑法》第二十条第三款的规定，不属于防卫过当，不负刑事责任。

【指导意义】

《刑法》第二十条第三款规定的"其他严重危及人身安全的暴力犯罪"的认定，除了在方法上，以本款列举的四种罪行为参照，通过比较暴力程度、危险程度和刑法给予惩罚的力度作出判断以外，还应当注意把握以下几点：一是不法行为侵害的对象是人身安全，即危害人的生命权、健康权、自由权和性权利。人身安全之外的财产权利、民主权利等其他合法权利不在其内，这也是特殊防卫区别于一般防卫的一个重要特征。二是不法侵害行为具有暴力性，且应达到犯罪的程度。对本款列举的杀人、抢劫、强奸、绑架应作广义的理解，即不仅指这四种具体犯罪行为，也包括以此种暴力行为作为手段，而触犯其他罪名的犯罪行为，如以抢劫为手段的抢劫枪支、弹药、爆炸物的行为，以绑架为手段的拐卖妇女、儿童的行为，以及针对人的生命、健康而采取的放火、爆炸、决水等行为。三是不法侵害行为应当达到一定的严重程度，即有可能造成他人重伤或死亡的后果。需要强调的是，不法侵害行为是否已经造成实际伤害后果，不必然影响特殊防卫的成立。此外，针对不法侵害行为对他人人身安全造成的严重危险，可以实施特殊防卫。

在共同不法侵害案件中，"行凶"与"其他严重危及人身安全的暴力犯罪"，在认定上可以有一定交叉，具体可结合全案行为特征和各侵害人的具体行为特征作综合判定。另外，对于寻衅滋事行为，不宜直接认定为"其他严重危及人身安全的暴力犯罪"，寻衅滋事行为暴力程度较高、严重危及他人人身安全的，可分别认定为《刑法》第二十条第三款规定中的行凶、杀人或抢劫。需要说明的是，侵害行为最终成立何种罪名，对防卫人正当防卫的认定没有影响。

人民检察院审查起诉时，应当严把事实关、证据关和法律适用关。根据查明的事实，犯罪嫌疑人的行为属于正当防卫，不负刑事责任的，应当依法作出不起诉的决定，保障无罪的人不受刑事追究。

【相关规定】

《中华人民共和国刑法》第二十条

《中华人民共和国刑事诉讼法》第一百七十七条

编　后　记

　　人身安全是每个公民最基本的要求。面对不法行为，法律应当引导鼓励公民勇于自我救济。我们编写《正义的自卫——以正当防卫典型案例释法》这本普法读物，借助"涞源反杀案""赵宇见义勇为案""昆山反杀案""于欢防卫过当案"等正当防卫典型案例，向大众释法说理，就是为了更好地唤起社会正义感，让每一位公民有自信有担当地尊重自己和他人的合法权益。

　　本书在编写过程中，已尽全力但仍有部分媒体与学者未能联系到，希望得到你们的谅解，并请及时联系我们，联系邮箱为 zhanglipress@126.com，我们尽快奉寄样书与稿酬。

本书编写组

2019 年 4 月

责任编辑：张　立
装帧设计：林芝玉
责任校对：王晓丹

图书在版编目（CIP）数据

正义的自卫：以正当防卫典型案例释法／《正义的自卫》编写组

　编．—北京：人民出版社，2019.4

ISBN 978－7－01－020638－7

I. ①正… II. ①正… III. ①正当防卫－案例－中国　 IV. ① D924.05

中国版本图书馆 CIP 数据核字（2019）第 063017 号

正义的自卫

ZHENGYI DE ZIWEI

——以正当防卫典型案例释法

《正义的自卫》编写组　编

人民出版社 出版发行

（100706　北京市东城区隆福寺街 99 号）

北京汇林印务有限公司印刷　新华书店经销

2019 年 4 月第 1 版　2019 年 4 月北京第 1 次印刷

开本：710 毫米 ×1000 毫米 1/16　印张：8.5

字数：90 千字

ISBN 978－7－01－020638－7　定价：39.00 元

邮购地址 100706　北京市东城区隆福寺街 99 号

人民东方图书销售中心　电话（010）65250042　65289539

版权所有 · 侵权必究

凡购买本社图书，如有印制质量问题，我社负责调换。

服务电话：（010）65250042